단단이 하늘나라에서 전학을 왔어요.

 영영은 단단의 짝이에요.

 해마루 선생님이 단단과 영영에게 국어를 가르쳐요.

〈똑똑이 국어문법〉 첫 시간이에요.
수업 풍경 속으로 뛰어들어 볼까요?

말랑말랑 국어 완전정복

똑똑이 국어문법

이동훈 지음

국어문법

참글세상
1% 나눔의 가름

국어를 잘하면 행복합니다 ·····························

국어교육이라는 너른 들에 꽃씨 하나를 새로 심었습니다. 〈똑똑이 국어문법〉이라는 이름의 꽃씨. 이것의 꽃말은 '행복'입니다. 문법 공부를 즐겁게 해보자는 약속과 국어 공부를 잘하면 날마다 행복하리라는 기대감을 담았죠. 꽃씨 한 톨에는 이미 꽃밭의 그림이 들어있음을 우리는 알고 있습니다.

〈똑똑이 국어문법〉은 국어 공부와 문법 지식과 인성교육을 하나로 묶었습니다. 그래서 갈피마다 시적 표현이 유난하고 동화 같은 이야기가 시냇물처럼 흐릅니다. 이 책의 매력이 이곳에서 찬란합니다. 가르친다는 게 지식 전달에 그쳐서는 안 되고, 바람직한 인성을 북돋우며 삶 자체를 풍요롭게 가꾸는 데까지 나아가야 한다고 믿는 까닭입니다.

문법이 중요하죠. 문법을 알아야 글을 잘 읽고 잘 쓸 수 있어요. 글속에 이미 문법이 있거든요. 그러자면 읽기만으로 그쳐서는 안 되고 어릴 때부터 쓰기 습관을 들이는 것이 좋습니다.

글짓기나 논술, 자기소개서 등 국어문법이 활용되는 경우가 너무

나 많습니다.

　지금은 SNS 전성시대로 문자 보내기나 카톡 등 글쓰기가 더욱 다양해졌습니다. 자기표현을 자유롭게 하며 자기만의 독특한 문법과 콘텐츠를 만들어낼 수 있는 공간이 많아졌습니다. 그래서 국어 능력이 한껏 높은 평가를 받습니다. 그런 만큼 국어를 잘하면 행복합니다. 국어문법에 밝으면 글쓰기에 자신감이 생겨 행복해집니다. 모쪼록 이 책을 통해 독자 여러분이 스스로 행복한 사람이 되기를 두 손 모아 기원합니다.

기해년 새해에
이동훈 삼가 씀

4 변장술에 빠지다
-동사, 형용사의 활용

5 낱말 나무로 집을 지어볼까
-문장의 탄생

6 말소리의 규칙이 울퉁불퉁
-음운과 음절

7 문장이 줄 맞추어 소풍을 가네
－맞춤법과 띄어쓰기

8 정답과 해설_264

1
아홉 색깔 무지개를 찾아라
- 품사 이야기-

마중물1

마중물 | 땅 밑의 물을 끌어올리려고 펌프에 먼저 붓는 약간의 물

해마루 | 하하하 반가워요. 여러분하고 같이 국어를 공부하게 되었어요. 내 이름은 '해마루'입니다. '해 중의 해', '으뜸 해'라는 뜻이에요. 나는 내 이름에 대한 자부심이 있어요. 해처럼 빛나는 사람이 되기 위해 지금도 나는 열심히 공부하고 있지요.

지금부터는 내가 말을 편하게 할게요. (잠시 뜸을 들이다가) 화기애애한 분위기에서 국어문법 공부를 신나게 해보자는 뜻이니까 그렇게 받아들이면 돼요.

새 학년이 되면 노상 설레고 긴장 되고 또 새롭잖아? 너희들도 그렇겠지만 나도 사실은 그렇거든. 그건 왜 그럴까? 아마 새 출발의 기쁨이 긴장감 속에서 더 한결 커지나 봐. 새봄에 하늘은 푸르고 꽃은 자기만의 개성을 뽐내며 인사하고 바람은 향기를 실어 오지. 얘들아, 어떠니? 너희들은 지금 어때? 나처럼 설레고 반갑고 기쁘니?

단단, 영영 | (크게) 예! 우리도 기분이 좋아요.

해마루 | 그래 고마워. 너희들도 내 마음과 같구나. 반가워. 우선은

'국어 공부를 어떻게 하면 좋을까?'에 대해서 얘기해 보자꾸나. 국어 공부는 쉽기도 하고 어렵기도 하잖아? 어떤 때는 공부를 별로 안 해도 점수가 잘 나오고, 또 어떤 때는 공부 열심히 했는데도 점수가 잘 안 나오잖아. 그건 왜 그럴까? 수학이나 과학 같은 건 공부하면 공부한 만큼 점수가 보답을 잘도 해주는데, 유독 국어 과목은 왜 그렇지 않지? 왜 그럴까? 이유가 뭐지? 영영이 한번 대답해 볼까?

👧 영영 | (자신 없는 표정으로) 네, 국어는 희미해서 그래요.

👨‍🦲 해마루 | 그게 무슨 말이니? 국어 과목이 희미하다니?

👧 영영 | 국어 문제는 정답이 없는 것 같아요. 희미해요. 정답이 잘 안 보여요. 보면 이것도 정답 같고 저것도 정답 같고... 그래서 국어는 정답이 희미해서 답을 맞히기가 어렵고 공부하기도 어려워요.

👨‍🦲 해마루 | 하하하 그래? 영영이 국어 공부의 핵심을 콕 찔렀네. 맞아, 정말 그래. 국어는 공부하기가 쉽지 않아. 수학처럼 '더하기 빼기' 하는 것도 아니고 구구단 같은 공식도 없고 말이야. 국어는 무엇을 공부해야 할지 모르지. 어떻게 공부해야 할지도 모르겠고 말이야.

👦 단단 | (큰소리로) 저는 국어를 정말 하나도 모르겠어요. 겉만 말짱

하지, 속은 텅 빈 깡통이에요.

해마루 | 하하하 단단아, 표현이 아주 재미있구나. '텅 빈 깡통'이라 니? 비유가 아주 좋아. 비유 표현은 천재의 특성이라는데, 너 혹 시 천재 아니니? 우리는 하늘나라 사람들이 다 천재가 아닐까 생 각하고 있거든.

단단 | 선생님, 저를 놀리시는 거예요. 저는 정말 하나도 몰라요. 몰라서 그래요. 다른 건 그만두고 '국어'는 정말 제 머릿속이 빈 깡통이란 말이에요.

영영 | 호호호 그건 나도 그래. 나도 정말 우리말 '국어'를 전혀 모 르거든.

해마루 | 얘들아 미안해. 너희들의 약점을 내가 콕콕 찌른 게 되어 버렸네. 내 진심은 그게 아니란다. 나를 용서하고 이해해 주겠 니?

영영 | 예.

단단 | .....

해마루 | 단단은 왜 대답이 없지?

🙂 단단 | 죄송해요. 어떻게 대답할지 몰라서 그래요. 선생님 말씀을 이해 못 했는데. '예'라고 대답할 수가 없어요.

😀 해마루 | 하하하 그렇구나. 단단은 영혼이 맑고 밝고 또 깨끗도 하구나.

🙂 영영 | 단단의 저 순수함이 나는 좋아요.

😀 해마루 | 하하하 나도 새삼 가슴 속이 시원해지네. 앞으로 가끔씩 너희들이 나의 스승이 될 거야. 나는 그렇게 믿고 싶어. 서로가 가르치고 배우는 존재가 인간이야. 인생은 배움의 연속이지.

　그러니 얘들아, 인생에는 정답이 없잖니? 그것처럼 국어 공부에도 사실은 정답이 없어. 관점에 따라 이런 해석, 저런 해석이 다 가능한 거지. 흥부와 놀부 이야기에서 '나는 흥부가 좋아.' '아냐 나는 놀부가 좋아' 이런 식으로 생각이나 판단이 다를 수 있는 거잖아. 그러니만큼 국어 공부는 자기 생각을 분명하게 정리하는 게 중요해. 왜냐하면 뭐니 뭐니 해도 세상에서 가장 중요한 것은 결국 자기 자신이니까 말이야. 세상을 살아가면서 결국은 내 눈으로 보고 내 머리로 생각하고 내 입으로 말하고 먹고 내 귀로 듣고 알고, 그렇게 사는 게 아니겠니?

　이 책의 별명은 〈봄봄봄 국어문법〉이야. 혼자서도 공부할 수 있다는 거지. 이 책을 틈틈이 보고 또 보면 돼. 게다가 너희들은 사뭇 봄 속에 있어. 중학생은 인생의 상 청춘이지. 책 별명에서 두근두근 봄소식이 전해지지 않니? '봄봄봄' 하는 봄바람의 속삭

임이 들리지 않니? 그래 학교를 오가면서 얘들아, 가로변에 꽃망울 터지는 소리를 한 번씩 들어보렴. 하루가 즐거워지고 또 나날이 새로울 거야.

단단 | 헤헤헤 그렇군요. 〈똑똑이 국어문법〉 책 제목이 참 좋아요. 별명 〈봄봄봄 국어문법〉도 재미있네요. 선생님, 그러면 국어 공부는 아까 말씀하신 것처럼 '문법 공부, 문학 공부, 낱말 공부'만 하면 되나요? 이것만 하면 시험에서 백 점 맞을 수 있어요? 딴 건 공부 안 해도 돼요?

해마루 | 그렇다마다. 내 말 잘 들으면 자다가도 떡이 생겨요. 아니지, 참 요즘은 피자가 생긴다더구나. 하하하 국어 공부 잘 하려면 무엇이 다른 게 있나? 평소에 책을 열심히 읽고 나랑 같이 이 책으로 국어 공부하면 돼. 딴 거 없어. 책 잘 읽고, 나랑 이 책 공부 열심히 하고 – 이게 다야. 독서는 각자 꾸준히 하도록 하고 나하고는 즐거운 마음으로 이 책을 갖고 지금처럼 문법공부를 같이 열심히 하면 되거든. 나만 믿고 따라와. 알겠니?

영영 | 네, 그런데 선생님! 국어에서 문학 공부는 재미가 있는데, 문법 공부는 재미가 없어요. 외워야 할 것도 많고 복잡하고 어려워요. 국어 문법 공부를 어떻게 하면 잘 할 수 있어요? 〈똑똑이 국어문법〉 책에 다 정리되어 있나요? 몽땅 적혀 있나요? 그랬으면 좋으련만...

해마루 | 그래, 아마 그럴 거야. 다들 그러더구나. 문법 공부는 재미가 하나도 없다고 말이야. 얘들아, 그런데 말이야 문법 공부도 잘 보면 이게 굉장히 재미가 있거든. 우리가 무엇이나 대충 알면 재미가 없잖아. 경기 규칙도 정확하게 알아야 즐겁고 보람 있지. 국어문법 공부는 정확하고 똑똑한 사람이 되는 지름길이야. 수학 공부보다 더 낫지. 나랑 같이 문법 공부를 정말 열심히 한 번 해보자고. 그러면 너희들이 국어 공부에 대해 갖고 있는 울렁증과 답답증이 싹 가실 수 있어. 나만 믿고 따라와 봐. 어때? 얘들아, 나를 믿니?

단단, 영영 | (크게) 넵! 믿습니다.

해마루 | 자, 오늘 첫 시간은 품사 공부를 본격적으로 해 볼 거야. 각오를 단단히 하라구. 후후훗 왜냐 하면 엄청 재미있으니까 말이야.

단단 | 헐~~ 재미있으면 즐기면 되지, 각오를 하는 게 아니잖아요?

영영 | 얘, 넌 하나만 알고 둘은 모르는구나. 선생님 말씀은 품사 공부를 재미나게 해보자는 뜻이라구.

해마루 | 하하하 좋아 좋아. 우리가 좋아하는 삼겹살처럼 낱말은 3가지 속살이 있거든. 첫째는 낱말은 '의미'를 가지고 있고, 둘째

는 낱말은 '**형태**'를 가지고 있고, 셋째는 낱말은 문장 속에서 '기능'을 가지고 있지. 그래서 이 3가지 속살이 바로 **품사를 나누는 기준**이 되는 거야.

● 기준 1 (의미) : 낱말이 어떤 의미를 갖고 있느냐로 묶음

    - 9개의 품사
    - 명사, 대명사, 수사, 동사, 형용사, 관형사, 부사, 감탄사, 조사

● 기준 2 (형태) : 낱말이 문장 속에서 형태가 바뀌느냐로 묶음

    - 불변어 (동사, 형용사 제외 나머지 7 품사)
    - 가변어 (동사, 형용사)

● 기준 3 (기능) : 낱말이 문장 속에서 어떤 역할을 하느냐로 묶음

    체언   명사, 대명사, 수사 (문장에서 주인공, 몸뚱이 역할)
    용언   동사, 형용사(문장에서 풀이하고 서술하는 역할)
    수식언   관형사, 부사 (문장에서 꾸며주고 한정하는 역할)
    독립언   감탄사 (문장과 독립하여 감탄하는 역할)
    관계언   조사 (문장에서 낱말 사이의 관계를 맺어주는 역할)

 사실을 말하면 이 부분은 낯설고 어려우니 억지로 외우지 말아요.
그냥 눈만 맞추고 지나가면 돼요. 진짜 품사 공부는 뒷장의 '명사'부터 열심히 하면 돼요. 9품사 공부가 끝나면 이 모두를 저절로 알게 되거든요. 그러니까 괜한 걱정 말고~품사 공부를 위해 같이 힘차게 출발해 볼까요? 출-발!

01 명사

명사 : 사람이나 사물의 이름을 나타내는 낱말

ㅣ보기ㅣ 연필, 하늘, 꽃씨, 지하철, 벚꽃, 교실, 책, 화단, 아기, 강호동, 청바지, 라면, 우산, 자동차, 기차, 비행기, 구름, 세종대왕 ....

명사 : 안 보이거나 만질 수 없는 것도 모든 이름은 명사임

ㅣ보기ㅣ 우정, 잠, 노력, 생각, 기쁨, 즐거움, 사랑, 공부, 아침, 저녁, 바람, 안개.......

① 보통 명사 : 보통 사물의 이름을 나타냄

ㅣ보기ㅣ 안경, 운동장, 차, 책상...

② 고유 명사 : 고유한 것의 이름을 나타냄

ㅣ보기ㅣ 대한민국, 이순신, 홍익대...

① 구체 명사 : 눈에 보이는 것의 이름을 나타냄

ㅣ보기ㅣ 실내화, 소나무, 기차...

② 추상 명사 : 눈에 보이지 않는 것의 이름을 나타냄

ㅣ보기ㅣ 사랑, 슬픔, 생각...

품사 = '품 + 사'에서 '품'은 '갈래, 품종'을 뜻하고, '사'는 '낱말'을 뜻해요.
'품사'는 같은 성격의 낱말들을 함께 묶어서 국어학자들이 적당히 그 이름을 붙여
준 거예요.

기본 연습

아래 낱말이 명사가 맞으면 ○, 아니면 X표를 하세요.

1. 딸기 (　　) 　　11. 무척 (　　)

2. 김밥 (　　) 　　12. 양말 (　　)

3. 자전거 (　　) 　　13. 가방 (　　)

4. 예쁜 (　　) 　　14. 피었다 (　　)

5. 잠자다 (　　) 　　15. 시계 (　　)

6. 책 (　　) 　　16. 별 (　　)

7. 사탕 (　　) 　　17. 즐거운 (　　)

8. 장미꽃 (　　) 　　18. 병아리 (　　)

9. 구름 (　　) 　　19. 무지개 (　　)

10. 사과 (　　) 　　20. 아이스크림 (　　)

실력 다짐

가. 다음 문장에서 명사를 찾아 ○표 하세요.

1. 손님이 찾아왔다.
2. 진달래가 피었구나.
3. 기쁨이 가득 넘친다.
4. 눈이 펑펑 쏟아진다.
5. 우산이 나란히 걸어간다.

나. 다음 문장에 쓰인 명사의 개수를 적으세요.

1. 갑자기 비가 쏟아졌다.   (   )개
2. 눈이 스르르 감긴다.   (   )개
3. 창수는 빵과 우유를 먹었다.   (   )개
4. 한글은 우리 대한민국의 자랑이다.   (   )개
5. 토요일에는 꼭 라면을 먹는다.   (   )개

다. 다음 명사가 고유명사이면 1, 추상명사이면 2, 둘 다 아니면 3을 쓰세요.

1. 서울   (   )   6. 평화   (   )
2. 학생   (   )   7. 첫사랑   (   )
3. 신매초등학교 (   )   8. 아파트   (   )
4. 떡볶이   (   )   9. 프랑스   (   )
5. 교무실   (   )   10. 즐거움   (   )

02 대명사

🌱 바탕 다지기

대명사 : 무엇을 대신 나타내는 낱말

| 보기 | 나, 너, 우리, 그녀, 저희, 이것, 저것, 그것, 그대, 당신, 여기, 저기

🔍 실력 돋보기

대명사 : 사람이나 장소, 사물을 대신 나타내는 모든 낱말

   ① 인칭 대명사 : 사람을 대신 나타내는 낱말

      | 보기 | 여러분, 나, 저, 우리, 저희, 너, 너희, 당신.....

   ② 지시 대명사 : 사물이나 장소를 대신 나타내는 낱말

      | 보기 | 이것, 저것, 그것, 여기, 저기, 그곳.....

해마루 톡톡

대명사는 무엇을 대신하므로 의미 전달이 빠르고 세련된 표현이라고 할 수 있어요.

기본 연습

아래 낱말이 대명사가 맞으면 ○, 아니면 X표 하세요.

1. 처음 ( )		11. 콩나물 ( )	
2. 그곳 ( )		12. 쓰다듬다 ( )	
3. 화살표 ( )		13. 선생님 ( )	
4. 이분 ( )		14. 무척 ( )	
5. 우리 ( )		15. 저 ( )	
6. 종이컵 ( )		16. 그리다 ( )	
7. 그대 ( )		17. 그녀 ( )	
8. 오징어 ( )		18. 부모님 ( )	
9. 사투리 ( )		19. 저곳 ( )	
10. 너무 ( )		20. 너 ( )	

실력 다짐

가. 다음 문장에서 대명사를 찾아 ○표 하세요.

1. 창수가 혼자 그것을 다 먹었다.
2. 하늘 저곳으로 비행기가 날아오른다.
3. 여기는 장미꽃이 가득하구나.
4. 나는 방금 밥을 먹었거든.
5. 아버지, 우리 헌 차는 언제 새 차로 바꿔요?

나. 다음 문장에 쓰인 대명사의 개수를 적으세요.

1. 그는 얼굴을 붉히며 돌아섰다. ( )개

2. 언니하고 나는 별로 닮지 않았다. ( )개

3. 저기서 그것 가지고 잠시 너희들끼리 놀고 있어라. ( )개

4. 예쁜 아기가 방긋방긋 웃는다. ( )개

5. 그곳에 가면 저절로 기분이 좋다. ( )개

다. 다음 대명사가 인칭대명사이면 '인', 지시대명사이면 '지'를 쓰세요.

1. 이것 ( ) 6. 당신 ( )

2. 자네 ( ) 7. 여기 ( )

3. 저희 ( ) 8. 저분 ( )

4. 그곳 ( ) 9. 우리 ( )

5. 너희 ( ) 10. 소자 ( )

03 수사

🌱 바탕 다지기

수사 : 숫자를 나타내는 낱말

|보기| 하나, 둘, 삼, 사, 둘째, 셋째, 다섯째……

🔍 실력 돋보기

수사 : 사물의 수량이나 차례를 나타내는 낱말

① 양수사 : 수량을 나타내는 낱말

|보기| 하나, 둘, 셋, 일, 이, 삼, 사…..

② 서수사 : 차례, 순서를 나타내는 낱말

|보기| 첫째, 둘째, 셋째, 제일, 제이, 제삼…..

해마루 톡톡

'수사'는 숫자를 헤아리거나 차례를 매길 때 사용해요.
그런데 문장 속에서 '수사'랑 비슷한 게 있어서 가끔 헷갈릴 때가 있어요.
이건 나중에 '관형사' 공부할 때 다시금 자세히 배울 거예요.

〈참고〉 우산 셋이 나란히 걸어간다.　　　나는 그 책을 벌써 세 번 읽었다
　　　 - '셋'의 품사는 '수사'　　　　　　 - '세'의 품사는 '관형사'(수 관형사)

* 수사는 '체언'이며 문장 속에서 주어(주인공) 또는 목적어로 주로 쓰이고(셋이=주어)
'수 관형사'는 '수사'가 아니고 문장에서 뒷말을 꾸며주지요.(세 번 = '세'는 '번'을 꾸밈)

기본 연습

아래 낱말이 수사가 맞으면 ○, 아니면 X표를 하세요.

1. 아홉	( )	11. 백이십삼	( )
2. 둘	( )	12. 첫째	( )
3. 고양이	( )	13. 하나	( )
4. 이백	( )	14. 여섯	( )
5. 다섯	( )	15. 고라니	( )
6. 아흔	( )	16. 다람쥐	( )
7. 열여덟째	( )	17. 숫자	( )
8. 이백이십	( )	18. 헤아리다	( )
9. 열다섯	( )	19. 마지막	( )
10. 참새	( )	20. 사과	( )

실력다짐

가. 다음 문장에서 수사를 찾아 ○표 하세요.

1. 셋이 먹다가 둘이 죽어도 모를 정도야.
2. 다섯은 넷보다 큰 수이다.
3. 구슬을 세어보니 모두 아홉이다.
4. 아이 하나가 쪼르르 곁에 와서 물었다.
5. 팔 빼기 육은 얼마야?

나. 다음 문장에 쓰인 수사의 개수를 적으세요.

1. 나는 우리 집에서 둘째이다.　　　　　　(　　)개

2. 아기 돼지 일곱이 소풍을 갔어요.　　　　(　　)개

3. 선물이 사탕이랑 공책, 둘밖에 없구나.　　(　　)개

4. 슈퍼에서 라면 셋, 사이다 하나를 샀다.　　(　　)개

5. 첫째가 아무리 세어 봐도 한 명이 모자랐어요.　(　　)개

다. 다음 수사가 양수사이면 ( )에 '양'을, 서수사이면 '서'를 쓰세요.

1. 넷째　　　　(　　)　　　6. 넷　　　　(　　)

2. 이십사　　　(　　)　　　7. 제삼　　　(　　)

3. 여든　　　　(　　)　　　8. 천　　　　(　　)

4. 하나　　　　(　　)　　　9. 여섯　　　(　　)

5. 다섯째　　　(　　)　　　10. 둘　　　 (　　)

04 동사

동사 : 사람이나 사물의 움직임을 나타내는 낱말

|보기| 달리다, 입다, 흐르다, 먹다, 신다, 자르다, 보다, 멈추다, 찾다, 흔들다, 깨우다, 오다, 주다, 떠들다, 감추다, 그리다, 앉다, 치우다 ....

🔍 실력 돋보기

동사 : '-다'자로 끝나는 기본형이 있고 움직임을 나타내는 낱말

① 기본형으로 나타난 동사

|보기| 먹다, 입다, 신다, 보다, 찾다, 막다.....

② 기본형이 변하여 나타난 동사

|보기| 먹어, 입고, 신어, 보는, 찾아, 막고서...

해마루 톡톡

동사는 움직임을 나타내는 낱말이니까 한 마디로 자꾸 변하지요. 잠시도 가만히 있지 않아요. 동사는 왔다 갔다 끊임없이 움직이거든요. 문장 속에서 제 모양대로 얌전히 있지 않고 자꾸 바뀌어요. 예를 들어 기본형 '먹다'가 실제 문장 속에서는 '먹고, 먹지, 먹어서, 먹는데, 먹자...' 이런 식으로 때에 따라 바뀌거든요. 그래서 국어학자들이 동사의 정체를 알게 하려고 기본형을 꼭 붙들어놓은 거지요. 동사에서 기본형은 한 마디로 "동작 그만, 너 꼼짝 마."하는 것과 똑같아요. "동사야, 너의 원래 형태는 이거잖아. 쫌~얌전히 있어 봐." 이러는 거죠. *기본형은 어간 뒤에 '-다'를 붙임.

기본 연습

아래 낱말이 동사이면 ○, 아니면 X표를 하세요.

1. 도시락	( )	11. 내리다	( )
2. 빨간	( )	12. 제법	( )
3. 뛰다	( )	13. 가다	( )
4. 따뜻한	( )	14. 도무지	( )
5. 의자	( )	15. 마음씨	( )
6. 마시다	( )	16. 달콤한	( )
7. 흐르는	( )	17. 신바람	( )
8. 새싹	( )	18. 헤엄치다	( )
9. 굉장히	( )	19. 입다	( )
10. 하늘	( )	20. 향기롭다	( )

실력다짐

가. 다음 문장에서 동사를 찾아 ○표 하세요.

1. 서점에서 책을 한 권 샀다.
2. 저기 쌍무지개를 보렴.
3. 금강의 가을 풍경이 한눈에 들어왔다.
4. 장대비가 갑자기 쏟아집니다.
5. 시간이 참 빨리도 가네.

나. 다음 문장에 쓰인 동사의 개수를 적으세요.

1. 미역국 라면이 새로 나왔다.   (   )개

2. 세 살 버릇이 여든 간다.   (   )개

3. 자전거 대신 택시를 타고 가라.   (   )개

4. 대한 사람 대한으로 길이 보전하세.   (   )개

5. 우리는 한 집에서 오랫동안 살았다.   (   )개

다. 다음 설명이 맞으면 ○, 틀리면 ×표를 하세요.

1. 동사는 문장 속에서 반드시 기본형으로 나타난다.   (   )

2. 동사는 명사, 대명사와 함께 체언에 해당한다.   (   )

3. 사람이나 사물의 움직임을 나타내는 낱말은 형용사에

    해당한다.   (   )

4. '먹다'의 품사는 동사이고 '먹어서'의 품사는

    형용사이다.   (   )

5. 동사는 문장에서 사용될 때 '-다'로 끝나면 안 된다.(   )

05 형용사

🌱 바탕 다지기

형용사 : 모양이나 성질, 상태를 나타내는 낱말

|보기| 덥다, 예쁘다, 짧다, 많다, 아프다, 노랗다, 부드럽다, 깨끗하다, 어렵다, 넓다, 차갑다, 아름답다, 점잖다, 아쉽다, 슬프다, 기쁘다, 반갑다 ....

🔍 실력 돋보기

형용사 : '-다'자로 끝나는 기본형이 있고 모양이나 성질, 상태를 나타내는 낱말

　① 기본형으로 나타난 형용사

　　|보기| 부드럽다, 거칠다, 차갑다, 뜨겁다, 쉽다, 예쁘다.....

　② 기본형이 변하여 나타난 형용사

　　|보기| 부드럽고, 거친, 차가운, 뜨거워, 쉽지, 예쁜.....

해마루 톡톡

형용사는 모양이나 성질, 상태를 나타내는 낱말인데 잠시도 가만히 있지 않아요. 끊임없이 움직이거든요. 동사와 형용사를 묶어서 '용언'이라고 하죠. '용언'은 '활용언'을 줄인 거예요. '활용언'은 '활용하는 말'이라는 뜻이고요, '활용'은 변장술의 가장 기본 기술이지요. 동사와 형용사의 활용과 변장술은 뒷장에서 곧 배우게 돼요.

기본 연습

아래 낱말이 형용사가 맞으면 ○, 아니면 X표를 하세요.

1. 파랗다	(	)	11. 조용하다	(	)
2. 책가방	(	)	12. 귀여운	(	)
3. 색연필	(	)	13. 엉덩방아	(	)
4. 더워서	(	)	14. 갑자기	(	)
5. 반갑다	(	)	15. 싱싱한	(	)
6. 날다	(	)	16. 미소	(	)
7. 사탕	(	)	17. 일곱째	(	)
8. 바람	(	)	18. 끓다	(	)
9. 저녁	(	)	19. 잡히면	(	)
10. 오렌지	(	)	20. 예쁜	(	)

실력다짐

가. 다음 문장에서 형용사를 찾아 ○ 표 하세요.

1. 햇빛은 하늘의 환한 미소이다.

2. 반짝이는 도시의 불빛

3. 행복이 찰랑찰랑 넘친다.

4. 먹구름 때문에 어둡구나.

5. 바람이 자꾸 불어온다.

나. 다음 문장에 쓰인 형용사의 개수를 적으세요.

1. 고운 말이 아름다운 말이다.   (   )개

2. 음악 소리가 귓전에 들린다.   (   )개

3. 정말 맛있는 빵이로구나.   (   )개

4. 웃어서 행복하고 행복해서 웃는다.   (   )개

5. 창수는 달콤한 잠에 빠져들었다.   (   )개

다. 다음 문장의 □에 들어갈 말은?

1. 형용사는 ☐☐와 함께 용언에 해당한다.

2. 형용사는 ' -다'자로 끝나는 ☐☐☐☐또는☐☐☐이 있다.

3. 활용하는 말을 줄여서 ☐☐(이)라고 한다.

4. 형용사는 사물의 성질이나 상태, ☐☐을 나타내는 말이다.

5. 가는 말이 고우면 오는 말도 ☐☐.

→ 이 속담에서 ☐☐에 들어갈 형용사는? (기본형으로 쓸 것)

마중물2

🧒 단단 | 말도 안 돼요, 선생님. 우리가 하나도 모르는데요.

　　체언과 용언, 뜻을 모르고 설명도 안 들었는데 이걸 우리가 어떻게 맞힐 수 있어요. 말도 안 돼요. 선생님이 우리를 너무 과대평가하시는 거 아니에요?

🤓 해마루 | 그래 그렇겠지. 그러면 그냥 복불복으로 한 번 찍어나 보렴.

👧 영영 | 아니에요. 선생님, 제가 한 번 맞혀볼 게요. 한자 뜻만 알면 되는데. '체언, 용언'에서 '언'은 '말씀 언(言)'이 아닌가요? '체'는 '몸 체(體)'이겠지요? '체육'할 때의 그 '체' 말이죠. '체언'은 '몸뚱이 말'이라는 건데, 뭔가 중심이 되고 중요하다는 뜻 같은데요. 그리고 '용언' 할 때의 '용'이 설마 '용용(龍)' 자는 아니겠지요? 이곳에 뜬금없이 용이 나타날 까닭이 없겠고....

　　에구머니, 선생님 알겠어요. '체언'이 정답 같은데요?

🤓 해마루 | 아이쿠, 영영이 한자를 많이 알고 있구나. 아주 좋은데. '명사, 대명사, 수사'를 하나의 공통점으로 묶으면, 이것들은 모두 문장 속에서 주어 또는 주인공의 역할을 한다는 거지. 그래서 이것을 '체언'이라고 이름 붙였어. 누가 이름을 붙였다고?

🙂🙂 단단, 영영 | 국어학자들이요.

😊 해마루 | 그래, 국어학자들이 이름을 붙였겠지? 너희들이 이름 짓는 다면, 체언을 '주어 말, 또는 주인공 말' 이렇게 붙일지도 모르겠어. 어쨌든 지식이라는 게 무엇에다가 이름을 붙이고 이름을 배우는 것과도 같아. 이래서 공자님이 옛날에 '정명'을 강조하셨는지 몰라. '정명(正名)'은 쉽게 말해 '바르게 이름 붙이기'야. 이것만 잘 해도 세상의 질서가 바로 잡히고 정의가 똑바로 선다고 강조하셨지. 후후훗, 이런 걸 보면 공자님도 공부 중에서 가장 으뜸은 국어 공부라고 생각했던 게 아니었을까 싶은데 말이야.

🙂 단단 | 헤헤헤 그러고 보면 내 이름도 잘 지었네요.
　　　　단단, 저는 제 이름이 참 좋아요.

🙂 영영 | '단단'이라는 네 이름 있잖니?
　　　　이름도 하나의 낱말인데, 그러면 사람 이름의 품사는 뭘까?

🙂 단단 | 나를 나타내니까 '명사'인데, 나를 대신하니까 '대명사'이네.
　　　　이런, 이런. 에고고, 헷갈려요. 선생님, 도와주세요!

06 관형사

관형사 : 체언을 꾸미거나 한정하는 낱말

| 보기 | 새 자동차, 모든 사람들, 헌 책, 온갖 장난감, 여러 학교, ...

실력 돋보기

관형사 : 체언 앞에서 그 체언을 꾸미거나 한정하는 낱말

　① 성상 관형사 : 성질이나 상태, 모양을 나타냄

　　| 보기 | 나는 서점에서 새 책을 샀다.

　　　　　아버지, 우리 헌 차는 언제 새 차로 바꿔요?

　　　　　강아지풀은 순 우리말 이름이네.

　　　　　옛 추억을 더듬는 중이다.

　② 지시 관형사 : 어떤 대상을 가리킴

　　| 보기 | 나는 그 책을 집어 들었다.

　　　　　엄마, 저 차는 누구 거예요?

　　　　　이 피자집은 딴 가게보다 훨씬 맛있다.

　　　　　온갖 꽃들이 앞마당에 가득하다.

　③ 수 관형사 : 수량이나 차례를 나타냄

　　| 보기 | 한 그릇 먹고 더 먹어도 돼요?

　　　　　나는 동시 한 편을 여러 번 낭독했다.

　　　　　라면 세 개를 동시에 끓였다.

관형사는 체언을 꾸며주는 말이라고 하는데, 여기서 꾸며준다는 것은 '제한하고 한정한다.'는 뜻도 갖고 있어요. 예를 들어 '한 그릇'에서 '그릇'은 '그릇'인데 '두' 그릇도 아니고 '열' 그릇도 아니고 딱 '한' 그릇이란 말이잖아요.

이처럼 관형사는 뒤에 오는 체언을 꾸미거나 한정하는 역할을 해요. 꾸미는 역할이 더 중요하기 때문에 국어학자들이 관형사의 또 다른 이름을 '수식언'이라고 한 거예요. 아니면 문장 속의 역할이나 기능을 보고 '관형사'를 '한정언'이라고 이름 지었을 수도 있지 않았을까요?

기본 연습

아래 문장에서 관형사를 찾아 ○표 하세요.

1. 새 운동화를 신고 학교에 갔다.

2. 멋진 하루가 또 시작되었다.

3. 헌 자전거를 베란다에 잘 놓아두었다.

4. 엄마는 여러 학교를 차례로 들렀다.

5. 그 사람이 도대체 누구니?

6. 사진을 보고 옛 추억을 더듬었다.

7. 딴 가게보다 이 가게가 더 맛있다.

8. 그 고운 꽃은 어디로 갔나?

9. 온갖 어려움을 겪고 금메달을 땄다.

10. 순 우리말 이름은 어감이 참 좋다.

11. 얘들아, 한 그릇 먹고 더 먹어도 된단다.

12. 한 사람 옆에 또 한 사람

13. 저 차가 굉장히 멋지구나.

14. 세 갈래 길이 눈앞에 나타났다.

15. 비가 그치자 두 눈이 부실 만큼 햇빛이 찬란하다.

16. 어둠을 뚫고 아침이 다시 밝아온다.

17. 라면은 여러 번 먹어도 계속 맛있다.

18. 헌 것을 고쳐서 새 것처럼 사용하자.

19. 한 번 웃으면 한 번 행복하다.

20. 세상의 모든 어머니는 위대하다.

실력다짐

가. 다음 문장에 있는 관형사의 개수를 적으세요.

1. 참 맛있는 밥을 먹었다.　　　　　　　　　　(　　)개

2. 새 책을 재미있게 읽고 있어요.　　　　　　　(　　)개

3. 밤에는 달빛이 온 세상을 밝히네.　　　　　　(　　)개

4. 소녀의 그 미소는 무슨 뜻일까?　　　　　　　(　　)개

5. 몇 번의 망설임 끝에 나는 이 휴대폰을 택했다.　(　　)개

6. 모든 아름다움이 이곳에서 반짝인다.　　　　　(　　)개

7. 시는 여러 단어를 모아 햇빛을 만든다.　　　　(　　)개

8. 아주 큰 배가 천천히 다가오는 것이었다.　　　(　　)개

9. 온갖 생각이 구름처럼 떠올랐다.　　　　　　　(　　)개

10. 여러 식당 중에 하나가 유난히 빛이 났다.　　(　　)개

나. 다음 문장의 □에 들어갈 말은?

1. 관형사는 주로 [　][　] 앞에서 그를 꾸미거나 한정한다.

2. 어떤 대상을 가리키는 관형사를 [　][　] 관형사라고 한다.

3. 역할이나 기능에서 볼 때 관형사의 다른 이름은 [　][　][　]이다.

4. 사물의 성질이나 상태, 모양을 나타내는 관형사는 [　][　] 관형사이다.

5. 천리 길도 한 걸음부터.

→ 이 속담에 들어 있는 관형사는 [　][　] 관형사이다.

07 부사

부사 : 주로 서술어를 꾸미거나 한정하는 낱말

| 보기 | 매우, 잘, 무척, 빨리, 드디어, 어제, 안, 못, 자세히, 그리고, 그런데, 또 ....

🔍 실력 돋보기

부사 : 용언 말고도 여러 낱말들을 꾸미거나 한정하는 문장 도우미 낱말

　① 성분 부사 : 문장 속에서 뜻을 자세하게 나타내는 부사

　　| 보기 | 창수는 축구를 <u>가장</u> 좋아한다.

　　　　　그 아이의 집은 학교 <u>바로</u> 앞이야.

　　　　　먹을 때는 동작이 <u>매우</u> 빠르네.

　　　　　이 차는 <u>무척</u> 낡았구나.

　② 문장 부사 : 문장 전체와 관계되는 부사

　　| 보기 | <u>과연</u> 새 대통령은 누가 될까?

　　　　　<u>그리고</u> 우현이는 새 휴대폰을 꺼냈다.

　　　　　<u>설마</u> 예지마저 숙제를 하지 않았을까?

　　　　　<u>제발</u> 이번 겨울은 춥지 않았으면 좋겠어.

부사는 꾸며주고 한정하는 낱말이지만 관형사보다 사용 범위가 훨씬 넓어요. 그래서 부사를 '문장 도우미'라고 할 수 있어요. 부사에서 '부'자는 '도울 부(副)'자예요.

부사는 문장의 뜻을 자세하고 풍부하게 도와주는 역할을 하지요. 그래서 이름이 '부사'예요. '도우미'라는 뜻이죠. 부사는 그 종류가 굉장히 많겠지요? 문장의 뜻을 제대로 도와주려면 말이죠. 그러나 '부사' 걱정은 말아요. 외우지 않아도 돼요. 그냥 눈으로 한번 보고 지나치세요.

왜냐하면 우리는 한국인이니까요. 척 보면 '부사'인지 아닌지 다 알거든요.

ㅋㅋ 우리는 한국인, 대한민국 화이팅~~

기본 연습

아래 문장에서 부사를 찾아 ○표 하세요.

1. 나는 그 영화가 다시 보고 싶구나.

2. 하늘에선 벌써 태양으로 가는 길이 열립니다.

3. 소나무는 그 자리를 늘 지킬 거예요.

4. 사람들도 별로 좋아하지 않는 것 같아요.

5. 엄청난 일이 벌어지고 있음을 바로 알아차렸다.

6. 캄캄한 필통 속에는 겨우 연필 몇 자루뿐이다.

7. 벌금을 안 내고도 무사할 것 같니?

8. 소풍에 못 가는 사람은 연락을 빨리 주세요.

9. 과연 소녀의 집은 어디일까?

10. 문득 올려다본 하늘이 참 푸르렀다.

11. 드디어 집에 도착했다.

12. 또 사이렌이 울려대기 시작했다.

13. 설마 눈이 올까 하는 마음으로 출발했다.

14. 배우는 시간은 짧지만 매우 소중한 시간이다.

15. 서현이가 가장 좋아하는 과목이 영어일까?

16. 어질러진 방을 잘 정리하여라.

17. 봄비야, 제발 멈추지 말고 주룩주룩 내리렴.

18. 계단을 급히 뛰어가다가 어떤 아이와 부딪혔다.

19. 별은 어둠 속에서 더욱 빛난다.

20. 비가 그치자 햇살이 살그머니 고개를 내밀었다.

실력다짐

가. 다음 문장에 있는 부사의 개수를 적으세요.

1. 창수가 아이스크림을 참 잘 먹는다. (　　)개

2. 창수가 지금 먹고 있는 아이스크림은 좀 비싼 거다.(　　)개

3. 떨어지면서 낙엽은 자꾸 몸을 비튼다. (　　)개

4. 나뭇가지에 마침내 싹이 돋았다. (　　)개

5. 팽이야, 빙글빙글 좀 빨리 돌면 안 되겠니? (　　)개

6. 못 가게 되어도 울면 안 돼. (　　)개

7. 갑자기 눈을 번쩍 떴다. (　　)개

8. 이집트는 생각보다 굉장히 먼 곳이다. (　　)개

9. 먹다 남은 아이스크림을 창수가 냉장고에
   슬며시 넣는다. (　　)개

10. 우현이가 학교에 못 올 만큼 매우 아프다고 한다. (   )개

나. 다음 설명이 옳으면 ○표, 틀리면 ×표를 하세요.

1. 부사는 주로 체언을 꾸미거나 한정한다.　　　(　　)

2. 수식언에 해당하는 낱말은 형용사와 부사이다.　(　　)

3. 부사는 성분 부사와 문장 부사가 있다.　　　(　　)

4. 부사는 문장의 뜻을 풍부하고 자세하게 도와주는

　　역할을 한다.　　　　　　　　　　　　(　　)

5. 참새가 방앗간을 그냥 지나치랴.

→ 이 속담에 들어 있는 수식언은 '방앗간을'이다.　(　　)

08 감탄사

감탄사 : 감탄을 나타내는 낱말

|보기| 앗, 저런, 아이쿠, 네, 여보세요, 글쎄, 야......

🔍 실력 돋보기

감탄사 : 부름, 대답, 놀람, 느낌을 나타내는 낱말

① 부름, 대답 : 부름이나 대답을 표현함

|보기| 1. <u>네</u>, 알겠습니다.

2. <u>야</u>, 너 잘 만났다.

3. <u>여보세요</u>, 거기 창수 있어요?

4. <u>그래</u>, 알았다. 이따가 봐.

② 놀람, 느낌 : 놀람이나 느낌을 표현함

|보기| 1. <u>아이쿠</u>, 깜짝 놀랐네.

2. <u>칫</u>, 혼자 잘난 척하기는...

3. <u>어머</u>, 벌써 다 왔어요?

4. <u>와우</u>, 정말 멋지구나.

해마루 톡톡

1. 감탄사는 문장에서 다른 품사와 관계없이 독립적으로 쓰임(독립언).
2. 호격조사가 붙은 말은 감탄사가 아니예요.
| 보기 | 다은아(명사+호격 조사), 집에 같이 가자.

기본 연습

아래 낱말이 감탄사가 맞으면 ○, 아니면 X표를 하세요.

1. 예	(　　)	11. 큰소리	(　　)
2. 이봐	(　　)	12. 여보시오	(　　)
3. 와우!	(　　)	13. 아름다운	(　　)
4. 아차차	(　　)	14. 제법	(　　)
5. 설탕	(　　)	15. 스스로	(　　)
6. 어머나	(　　)	16. 그래, 알았어.	(　　)
7. 네	(　　)	17. 대단하구나	(　　)
8. 여보세요	(　　)	18. 아하	(　　)
9. 창수야	(　　)	19. 온갖	(　　)
10. 야호	(　　)	20. 글쎄,	(　　)

가. 다음 문장에서 감탄사를 찾아 ○표 하세요.

1. 야, 신발부터 벗어야지.

2. 나는 마당이 있는 집이 더 좋아요.

3. 넵, 조금 후에 전화 드릴게요.

4. 이봐요, 이층이 있으니까 계단이 있을 수밖에요.

5. 청춘, 아름다운 시절이여.

나. 다음 문장에 쓰인 감탄사의 개수를 적으세요.

1. 어라, 새 라면이 또 나왔네.　　　　　　　（　　）개

2. 아아, 그녀가 있어 인생이 아름답구나.　（　　）개

3. 여보, 우리도 맛있는 거 먹으러 가요.　　（　　）개

4. 사랑아, 내 가슴에 피는 꽃이여.　　　　（　　）개

5. 그래, 엎치나 메치나 놀이는 다 즐겁지.（　　）개

다. 다음 설명이 맞으면 ○, 틀리면 ×표를 하세요.

1. 감탄사는 문장 속에서 반드시 기본형으로 나타난다.（　　）

2. 감탄사는 부사, 조사와 결합하기도 한다.　　　（　　）

3. 독립언에 해당하는 품사는 감탄사 하나밖에 없다.（　　）

4. '엄마야 누나야, 강변 살자.' - 이 문장에는

　감탄사가 없다.　　　　　　　　　　　　（　　）

5. 감탄사는 문장에서 중심적인 역할을 한다.　　（　　）

09 조사

조사 : 문장 속에서 낱말들의 관계를 맺어주는 낱말

| 보기 | 장미꽃이 환하다.

　　　할아버지께서 우리 집에 들르셨다.

　　　방학은 짧고 숙제는 많다.

　　　저기 안경 쓴 애가 내 동생이야.

　　　아직도 점심을 안 먹었니?

　　　내일부터 도서관에 가자.

　　　예지는 운동도 잘 한다.

🔍 실력 돋보기

조사 : 주로 체언에 붙어 문법적 관계를 맺거나 특별한 뜻을 더해주
　　　는 낱말

1. 격조사 : 앞말에 일정한 자격을 주는 조사('자격격 조사'의 준말)

　　① 주격 조사 : 이/가, 께서 --- 주어 자격

　　　| 보기 | 꽃이 피는구나.

　　　　　　선생님께서 오신다.

　　② 목적격 조사 : 을/를 --- 목적어 자격

　　　| 보기 | 싱글벙글 웃음꽃을 피운다.

　　　　　　열심히 공부를 하자.

③ 서술격 조사 : 이다 --- 서술어 자격

|보기| 이것은 국어책이다.

④ 관형격 조사 : 의 --- 관형어 자격

|보기| 어린이는 나라의 보배.

⑤ 부사격 조사 : 에, 에게, 에서 ... --- 부사어 자격

|보기| 버스에서 한바탕 폭소가 터졌다.

⑥ 호격 조사 : 아/야, 여/시여 --- 독립어 자격

|보기| 나래야, 점심 먹고 같이 도서관에 갈래?

2. 접속조사 : 두 낱말을 같은 자격으로 이어주는(접속) 조사

----- 와/과, 랑, 하고...

|보기| 김밥이랑 떡볶이랑

과일 중에서 으뜸은 사과와 배야.

나하고 너하고는 둘도 없는 친구가 맞거든.

3. 보조사(특수조사) : 특별한 뜻을 더해주는 조사

① 은/는 : 대조, 한정

|보기| 아이들은 빵을 먹고 어른들은 커피를 마셨다.

나는 지하철을 타고 예지는 버스를 탔다.

② 만 : 유일, 단독

|보기| 그 아이만 단독주택에 산다.

수학 점수만 좋다.

③ 도 : 동일, 같음

|보기| 아차, 나도 학원 갈 시간이구나.

④ 마저, 까지 : 극단

　　|보기| 너마저 나를 몰라주다니.

　　　　　날씨마저 잔뜩 찌푸렸다.

⑤ 부터 : 시작, 출발

　　|보기| 무궁화는 여름부터 가을까지 꽃이 핀다.

　　　　　부모님부터 모범을 보이는 게 좋아요.

⑥ (이)야말로 : 강조

　　|보기| 축구야말로 지구 최고의 스포츠가 아닐까?

　　　　　건강이야말로 최고의 재산이지.

해마루 톡톡

1. 부사를 문장 도우미라고 한다면, 조사는 낱말 도우미라고 할 수 있어요.
　부사는 큰 나무 문장 속에 붙어 있는 작은 나뭇가지이고, 조사는 낱말에 붙어
　있는 작은 잎사귀 같은 것이죠.

　|보기| 보름달이 정말 밝구나. ----- 부사 (조사가 아님)

　　　　한솔아 학교 가자. ----- 조사

　　　　여름은 햇볕이 뜨겁다. ----- 조사

　　　　사랑은 가슴에 피는 꽃이다. ----- 조사

　　　　영영은 춤도 매우 잘 춘다. ----- 부사 (조사가 아님)

　　　　그 아이 집은 바로 우리 옆집이다. ----- 부사 (조사가 아님)

2. '와/과'에서 보듯이 ' / '은 둘 중에 하나를 선택하라는 표시의 기호예요.

　|보기| 대추와 배 ---- 앞말 끝이 모음(추)이라서 '와'를 선택

　　　　감과 대추 ---- 앞말 끝이 자음(감)이라면 '과'를 선택

기본 연습

아래 문장에서 조사를 찾아 ○표 하세요.

1. 할아버지께서 어제 우리 집에 들르셨다.

2. 깨끗한 물속에 검은 잉크를 푼 것 같았다.

3. 동해물과 백두산이 마르고 닳도록

4. 햇빛은 아름다움을 쫓는 여행자가 아닐까?

5. 어릴 적 꿈은 미래 도시의 설계자였다.

6. 체육 시간에 피구놀이를 가끔 합니다.

7. 지하철에서 한바탕 소동이 벌어졌다.

8. 창수가 공부를 꽤 잘 한다.

9. 어디로 가야 은채와 만날 수 있을까?

10. 하늘이 매우 푸르렀다.

11. 그 아이 집은 바로 학교 뒤다.

12. 달맞이꽃이 길가에서 손을 흔든다.

13. 지식의 깃털을 모으면 지혜의 날개가 생기겠지.

14. 바다는 무엇이든 다 받아 준다.

15. 공부는 나의 미래를 조종하는 비행사다.

16. 봄바람에 나비가 팔랑팔랑 춤춘다.

17. 풍선도 바람을 타고 자꾸 높이 올라가네.

18. 마음이 깨끗하면 누구나 시인입니다.

19. 낙동강 칠백 리가 빗속에 잠기었다.

20. 학교는 지식의 훈련소가 아니다.

실력다짐

가. 다음 문장에서 조사를 찾아 ○표 하세요.

1. 봄이 오면 산에 들에 꽃들이 피어난다.

2. 여름은 무궁화가 한창이지.

3. 풀잎과 마주 앉아 이야기를 나누어요.

4. 작은 것이 더 아름답다.

5. 산이 춤추며 우쭐우쭐 몸을 흔든다.

나. 다음 문장에 쓰인 조사의 개수를 적으세요.

1. 돌담에 노래하는 달빛처럼　　　　　　　(　　)개

2. 약을 먹어도 몸이 꽤 무겁다.　　　　　　(　　)개

3. 친구야, 서점에서 또 만나자.　　　　　　(　　)개

4. 이순신 장군은 위대한 영웅이다.　　　　　(　　)개

5. 공부도 열심히, 운동도 열심히!　　　　　(　　)개

다. 밑줄 친 조사가 격조사이면 1, 보조사(특수조사)이면 2를 쓰세요.

1. 지구 최고의 스포츠는 무엇일까?　　　　　(　　)

2. 창수는 수학만 열심히 공부한다.　　　　　(　　)

3. 운동과 공부는 정비례 관계가 맞거든.　　　(　　)

4. 용돈마저 금세 바닥이 났다.　　　　　　　(　　)

5. 엄마의 잔소리부터 들어야 했다.　　　　　(　　)

2
엄마는 요술쟁이

- 어미의 전설-

마중물1

해마루 | 그런데 '어간'은 전혀 궁금하지 않고?

단단 | '어간'은 안 궁금해요. 왜냐 하면 '어간'은 모든 동사와 형용사의 앞머리에 나오는 건데요 뭘. 종류도 어마어마하게 많을 텐데요. 어미는 '엄마'하고 비슷해요. 그래서 우리가 어미는 꼭 알고 싶어요.

영영 | 그래요, 선생님. '먹다, 잡다, 오다' 같은 동사에서 어간은 '먹-' '잡-' '오-'잖아요. 그러니까 '어간'은 전혀 안 궁금하죠. 우리도 썩 잘 알거든요. 호호호.

해마루 | 그래 그래, 너희들의 말이 맞지. '어간'은 동사나 형용사의 낱말 개수만큼 많단다. 그러니까 '어간'은 따로 공부할 필요가 전혀 없겠지?

영영 | 그러게요 선생님, 그런데 '용언'은 왜 '어간'과 '어미'로 나누나요?
'명사'에는 이런 게 왜 없어요?

해마루 | 옳지. 좋은 질문이야. 명사는 처음 형태 그대로가 문장 속

에서 사용돼. 예를 들어 '꽃'이라는 명사가 있다면, 이것은 문장 속에서 어느 부분에 쓰더라도 '꽃'이라고 하지. 문장 끝 부분에 있다고 해서 '꽃'을 '꼼'이라고 적거나 하지 않아. 명사는 절대 형태가 바뀌지 않고 고정되어 있어. 그래서 이런 걸 문법 전문용어로 '불변어'라고 하지.

　이와는 다르게 동사, 형용사는 문장 속에서 맡은 기능에 따라 형태를 바꾸어서 나타나. 그래서 이것을 변한다고 해서 전문용어로 '가변어'라고 말하는 거야. '먹다'라는 동사가 어떤 경우에는 '먹는'이 되고, 또 어떤 때는 '먹어서'가 되고, 형태가 자꾸 바뀌지. 형태가 바뀌는 말을 '가변어'라고 해. 그러니까 품사를 나누는 3가지 기준 중에서 '형태'를 기준으로 해서 품사를 가른다면, 세상의 모든 낱말은 '불변어와 가변어'로 나눌 수 있다는 거지.

🙂 단단 | 선생님, 그런데 단원 제목에 보면, 엄마가 왜 요술쟁이에요?

🙂 영영 | 얘, 여기 엄마는 진짜 엄마가 아니지. 동사를 '어간과 어미'로 나눌 때 '어미'를 재미있게 하려고 그냥 '엄마'라고 한 거야. 선생님, 그렇죠?

😀 해마루 | 하하하 그렇지. 영영이 국어천재 티가 팍팍 나는구나.
　천재는 사실상 태어나는 게 아니라 만들어지는 거야. 자신의 노력과 주변의 도움으로 말이지. 아무것도 안 하고 가만히 있는데 어떤 천재성이 나에게 찾아올까? 자기 머리로 생각하고 자기

가슴으로 느끼고 자기 손으로 정리하는 게 중요해. 세상을 살아가면서 가장 중요한 사람은 누굴까? 부모님이라고? 친구라고? 아니야. 세상에서 가장 중요한 사람은 바로 나 자신이야. 내가 제일 중요해. 우리가 살아가는 이 세상은 나의 세상이야. 내 세상이야. 다른 누구의 세상도 아니야. 그렇기 때문에 세상은 우리 눈에 보이는 이것 한 개가 아니라 사람 숫자만큼의 세상이 있다고 하는 거지.

😊 단단 │ 그러면 지금 이 세상은 내 나이만큼의 세상인가요?
선생님 세상과 내 세상은 그러면 상당히 다른 거네요?

😊 영영 │ 하긴 그래요. 제가 유치원 다닐 때의 세상과 지금 세상은 확실히 다르거든요.
　　내 나이를 따라서 세상도 딱 그만큼씩 자꾸 변하는가 봐요. 나이 따라 도는 세상!

😎 해마루 │ 그렇지, 그렇지. 그러나 세상이 아무리 변해도 그 세상은 바로 내 세상이야. 아무도 대신할 수 없는 세상을 내 힘으로 살아가게 되는 거지. 게다가 누구라도 자기 세상에서 자신이 주인공이 되어 살아가는 걸 말릴 수가 없잖아.

😊😊 단단, 영영 │ (깜짝 놀라며) 우리가 세상의 주인공이라고요?

해마루 | 그러니까 그런 거야. 세상에서 가장 중요한 사람은 자기 자신이고, 가장 중요한 눈은 자기 눈이고, 가장 중요한 머리는 자기 머리고, 가장 중요한 손은 자기 손이야. 스스로를 사랑하고 자신을 존중하는 게 정말 중요하거든. 이 마음을 가져야 삶의 주인공이 될 수 있고, 천재가 될 수 있어. 국어 시간에 이 마음을 잘 닦는다면 누구나 인생 천재가 될 수 있지. 내가 뒤에서 응원하며 밀어줄 테니, 다들 인생 천재가 될 다짐을 하면 어떨까?

단단 | (약간 흥분하며) 제가 국어 천재가 돼요? 저도 국어 천재가 될 수 있어요?

해마루 | 이런 이런 ! 공연히 엉뚱한 소리하다가 시간을 길게 잡아먹었네. 누구나 국어 천재가 될 수 있단다. 자 누가 말해볼까? '동사나 형용사'에는 왜 '기본형'이 있어야 하지?

단단 | 자꾸 변하기 때문에 기본형이 있는 게 아니에요? 동사와 형용사는 문장 속에서 모양이 자꾸 바뀌잖아요. '먹는'과 '먹어서'가 다른 것처럼 말이에요.

영영 | 호호호 '동사'는 기본형을 찾아야 어간과 어미를 구별할 수 있지 않을까요?

해마루 | 이크 저런, 국어 천재가 동시에 이 지구별에 나타났구나.

대단한데, 대단해.

🙂 단단 | 내가 국어 천재? 헤헤헤.

😄 해마루 | 그래 맞아. 동사는 문장 속에서 어미가 자꾸 바뀌니 기본형을 꼭 알고 있어야 하지. 동사의 기본형은 어간에 어미 '-다'를 붙인 거야. 이게 기본형이야. 우리말로 하면 '으뜸꼴'이지. 그러면 기본형에서 '-다'는 무조건 어미이고 '-다'를 빼고 앞에 있는 건 무조건 어간이야. 이렇게 해서 동사는 어간과 어미가 분리되는 거지. 이게 다 활용 때문에 그래. 어미가 형태를 바꾸어가는 걸 '활용'이라고 하거든. 앞에서 잠깐 배운 적 있지? '체언, 용언' 설명할 때 말한 적이 있거든. 잘 생각해 봐. 머릿속에 한 번 떠올려 보렴.

🙂 영영 | 죄송해요. ㅠㅠ 알 듯 말 듯해요.

01 기본형

🌱 바탕 다지기

기본형 : 동사와 형용사 낱말에서 〈어간 + 어미 '-다'〉로 표현한 형태

| 보기 | 달리다, 입다, 흐르다, 먹다, 신다, 자르다, 보다, 멈추다, 예쁘다, 흔들다, 깨우다, 오다, 곱다, 떠들다, 감추다, 그리다, 앉다, 잡다 ....

● 아래 낱말들의 기본형을 적어라.

. 입는 ------------------- (입다)

. 먹어서 ----------------- (먹다)

. 흔들어 ----------------- (흔들다)

. 오면 ------------------- (오다)

. 앉아 ------------------- (앉다)

. 뛰어라 ----------------- (뛰다)

. 마시고 ----------------- (마시다)

🔍 실력 돋보기

1. 용언은 반드시 기본형이 있으며, 용언의 기본형에서 '-다'는 어미이고, 그 앞에 오는 것은 어간입니다.

| 보기 ① | 입다 ------- 입 + 다
         어간   어미

         먹다 -------- 먹 + 다
                  어간   어미

         흔들다 ------- 흔들 + 다
                  어간   어미

         마시다 ------- 마시 + 다
                  어간   어미

2. 용언은 기본형이 아니어도 '어간'과 '어미'로 나눌 수 있어요.
: 기본형을 찾아서 '-다'는 무조건 '어미'이고, 앞에 남은 것은 '어간'
입니다.

| 보기 ② | 입는 --------- 입 + 는   ---------- 기본형은 '입다'
                  어간   어미

         먹어서 ------- 먹 + 어서 ---------- 기본형은 '먹다'
                  어간   어미

         흔들어 ------- 흔들 + 어 ---------- 기본형은 '흔들다'
                  어간   어미

         오면 --------- 오 + 면 ---------- 기본형은 '오다'
                  어간   어미

앉아 ------- 앉 + 아 ---------- 기본형은 '앉다'
　　　　　어간　　어미

뛰어라 ------ 뛰 + 어라 ---------- 기본형은 '뛰다'
　　　　　어간　　어미

마시고 ------ 마시 + 고 ---------- 기본형은 '마시다'
　　　　　어간　　어미

기본형을 찾아서 어간'을 반드시 확인함이 중요해요.
그래야 요술쟁이 엄마(어미)를 찾을 수 있으니까요.
(어간을 빼고 남은 것이 어미가 돼요.)

해마루톡톡

'동사'는 형태가 고정되어 있지 않고 자꾸 변하는 게 특징이지요. '동사'가 형태를 다양하게 변화시켜가는 걸 문법 전문용어로 '활용'이라고 하고요. 이건 '형용사'도 그래요. 그래서 '동사와 형용사'를 묶어서 '활용하는 말' 즉 '용언'이라고 이름 지어 준 거죠.
그러니까 '용언'의 본디 말은 '활용언'이며, 그것은 '활용하는 말'이라는 뜻이에요.

기본 연습

다음 중 기본형이 있는 낱말에 ○표, 아니면 ×표를 하세요.

1. 먹는데	( )	11. 매달려	( )	
2. 살며시	( )	12. 방울	( )	
3. 흘러	( )	13. 깨끗한	( )	
4. 깜짝	( )	14. 우두커니	( )	
5. 나뭇잎	( )	15. 되어	( )	
6. 예순	( )	16. 고와서	( )	
7. 뛰어라	( )	17. 아지랑이	( )	
8. 즐거운	( )	18. 쳐다보고	( )	
9. 예뻐서	( )	19. 자꾸	( )	
10. 참새	( )	20. 작은데	( )	

실력다짐

가. 다음 문장에서 용언을 찾아 ○표 하세요.

1. 봄이 되면 길가에서 꽃을 피운다.

2. 벚나무에 밤마다 별빛이 쏟아집니다.

3. 이 옹달샘은 산속에 있어요.

4. 냇가에 앉아 물을 물끄러미 바라본다.

5. 푸른 잎새 위에서 청개구리가 노래를 부릅니다.

나. 다음 문장에 쓰인 용언의 개수를 적으세요.

1. 가재는 춤추느라 정신이 없어요.　　　　　　(　　　)개

2. 풀숲에는 다람쥐가 얼굴만 내밀고 숨어 있다.　(　　　)개

3. 물을 마시는 토끼가 보인다.　　　　　　　　(　　　)개

4. 창수는 금방 잠에 빠졌다.　　　　　　　　　(　　　)개

5. 혼자서 지내는 것이 더 좋을 때가 많다.　　　(　　　)개

다. 다음 용언이 동사이면 (　)에 '동'을, 형용사이면 '형'을 쓰세요.

1. 입으며　　　(　　)　　　6. 얕은　　　(　　)

2. 앉아서　　　(　　)　　　7. 향기롭다　(　　)

3. 슬픈　　　　(　　)　　　8. 쳐다보고　(　　)

4. 예뻐서　　　(　　)　　　9. 하얀　　　(　　)

5. 아파서　　　(　　)　　　10. 마셨다　(　　)

02 어미

1. 어미는 '어말 어미'의 준말이에요.
- 어말어미를 줄여서 보통 '어미'라고 표현해요.

  |보기| 먹고 = 먹(어간) + 고(어미)

  　　　　= 먹(어간) + 고(어말어미)

2. '어말어미' 공부가 국어 문법 기초 공부에서 가장 중요해요.
 - '어말어미'의 종류 3가지 (종결 어미, 연결 어미, 전성 어미)
 - 어간에 종결 어미가 붙으면 문장이 종결되고

　어간에 연결 어미가 붙으면 문장이 연결되고

　어간에 전성 어미가 붙으면 낱말의 성격이 바뀌게(전성) 됨

※ 여기서는 '종결 어미'만을 집중적으로 살펴보고, '연결어미'와 '전성어미'는 다음 단원 4. 변장술에 빠지다에서 배우기로 할게요. 복잡하고 까다로워서 한꺼번에 하면 뒤죽박죽 머리가 막 아프거든요.

🔍 실력 돋보기

1.종결 어말어미 : 문장을 끝맺는 어미

1) 평서형 종결 어미 : -다

| 보기 | 밥을 먹었다.　---- 평서문

2) 의문형 종결 어미 : -니, -까, -느냐

| 보기 | 밥을 먹고 있니? ---- 의문문

3) 명령형 종결 어미 : -라, -어라

| 보기 | 밥을 빨리 먹어라.　---- 명령문

4) 청유형 종결 어미 : -자, -자꾸나

| 보기 | 밥을 빨리 먹자.　---- 청유문

5) 감탄형 종결 어미 : -구나, -도다

| 보기 | 밥이 참 맛있구나. ---- 감탄문

기본 연습

가. 다음 문장에서 종결어미를 찾아 ○표 하세요.

1. 창문 밖 나무들이 비에 젖었다.
2. 교실 속 가득히 퍼져 가네.
3. 이런 것도 우정일까?
4. 점심 때 무엇을 먹었지?

5. 같이 열심히 공부를 해 보자.

6. 마음이 바다처럼 어둡고 싸늘하다.

7. 충무공은 누구일까요?

8. 오호, 벌써 산에는 알록달록 단풍이 들었구나.

9. 아지랑이처럼 피어나는 밝은 미래를 보아라.

10. 까짓것 열심히 한 번 해 보자꾸나.

나. 밑줄 친 부분을 평서형 종결어미로 표현하세요.

1. 자신감은 <u>있어도</u> 건방지지 않도록 하자.

2. 가시 틈에서 <u>피어나는</u> 장미처럼 붉다.

3. 꽃나무가 지금은 새싹들을 <u>키우고</u> 있어요.

4. 내 가슴으로 느끼고 내 손으로 <u>정리하자.</u>

5. 동해물과 백두산이 마르고 <u>닳도록</u>

실력다짐

밑줄 친 부분에 종결어미가 있으면 ○, 없으면 X표를 하세요.

1. 너 혼자 빨리 가면 안 돼.   (   )

2. 나는 바닷가에서 노는 것을 <u>좋아한다.</u>   (   )

3. 아침에 일어나면 해가 활짝 떠 있는 것이 <u>좋다.</u>   (   )

4. 예쁜 누나가 내 <u>앞으로</u> 다가오네.   (   )

5. 미지근한 물로 샤워하는 게 행복합니다. (　　)

6. 운동은 좋기도 하고 힘들기도 하다. (　　)

7. 나는 슬픈 영화를 보면 눈물 한 바가지를 쏟는다. (　　)

8. 어째서 빨간 꽃 하나뿐일까? (　　)

9. 휴대폰 그만 들여다보고 제발 밥 좀 먹어라. (　　)

10. 나랑 의견이 잘 안 맞는 엄마라도 나는 참 좋아요. (　　)

11. 시간이 잠시 멈추었다. (　　)

12. 산아 산아 푸른 산아 (　　)

13. 촘촘히 엮인 거미줄에 이슬이 대롱대롱 (　　)

14. 효도는 흉내만 내어도 아름답습니다. (　　)

15. 오늘도 선풍기는 더위 속을 달린다. (　　)

16. 새싹들이 푸른 눈으로 하늘을 쳐다보네. (　　)

17. 오후에 축구 보려면 영어 숙제를 퍼뜩 끝내자. (　　)

18. 아이들이 하나같이 웃음 짓는다. (　　)

19. 이게 도대체 어찌된 일이지? (　　)

20. 무지개 핀 하늘에 희망도 높게 떴구나. (　　)

해마루 | 자, 답을 한번 발표해볼까? 먼저 1번 문제, 1번 문제는 누가 해볼까?

단단 | 1번 문제는 제가 할게요. 1)번 문장에서 형용사는 '파란'입니다.

해마루 | 그래, 잘 맞혔어. 그러면 '파란'의 기본형은 뭘까? 형용사니까 기본형이 있겠지?

단단 | '파래. 파다. 파랗...' 에휴 모르겠어요.

해마루 | 단단아, 기본형은 뭐랬니? 어간에다가 어말어미 '-다'를 붙이면 된다고 했지.
'파란'에 '다-'자를 붙여 봐. 그러면 기본형이 나오지 않겠니?

단단 | 파란+다. '파란다' 이거 이상한데? '파란다' ㅋㅋ 이게 뭐지?

영영 | 선생님, 기본형이 '파랗다' 아니에요?

해마루 │ 그래 맞아. 역시 영영이군. '파란'의 기본형은 '파랗다'야. 단단은 공연히 새 지식에 겁을 먹어서 '파랗다'를 떠올리지 못한 것 같구나. 남이 만들어 놓은 지식을 너무 위대하게만 보면 자기가 한참 초라해지는 거야. 그러면 새로운 지식을 자기 걸로 만들기가 참 어려워.

자기가 가진 것을, 그리고 무엇보다도 자기 자신을 소중하게 여기는 마음이 공부 세계에서도 절대적으로 필요하거든.

공부라는 것도 알고 보면, 내 눈으로 보고 내 머리로 생각하고 내 가슴으로 느끼고 내 손으로 정리해 가는 거야. 그래야 진정한 공부가 되는 거지. 그런 공부를 하고나서야 어떤 지식이라도 그것이 진짜로 내 것이 되니까 말이야.

권위에 주눅 들지 않는 당당함이 바로 천재의 특성이고 진정한 배움이고 참다운 지혜야. 너희들은 미래를 열어가는 새 나라 새 사람들이거든. 당당하게 자신을 믿고 자신을 진정 사랑하라고. 알겠어? 그래야 언제고 어디에서고 세상에 둘도 없는 삶의 주인으로, 그리고 자기 인생의 주인공으로 멋지게 살 수 있으니까 말이야.

단단 │ 넵, 알겠습니다. 헤헤헤 제가 사실은 기본형이 '파랗다'고 말하려다가 멈추었거든요. 괜히 나서다가 틀릴 것 같아서요. 제가 자긍심이 아직 많이 부족해요. 앞으로 더 열심히 제 자신을 사랑하겠습니다.

해마루 | 그래, 그랬구나. 어쨌든 나는 너를 믿는다. 단단아, 힘내고 화이팅!

영영 | 그런데 선생님, '파란'에 어미 '다'를 붙였는데 어떻게 '파랗다'가 되지요? '파란다'가 아니고 말이에요.
해놓고 보니 나도 이게 참 이상해요.

해마루 | 아니 얘들아, 우리말에 '파란다'라는 말이 있니? 없니?

단단, 영영 | 없어요.

해마루 | 그런데 왜 '파란다'에 굳이 매달리는 거냐?

단단 | 우리가 잘 모르니까 지식에 매달릴 수밖에요. '기본형 = 어간+어미-다'라는 지식에 무작정 집착하는 거죠. 현실은 초라하고 지식은 고급스럽다는 생각 때문에 그런 게 아닐까 해요. 게다가 또 우리가 '동사, 형용사'의 활용을 솔직히 아직은 잘 모르잖아요.

영영 | 실은 저도 '파랗다'가 기본형이라고 할 때, 솔직히 자신이 좀 없었어요. 그래도 '기본형'이라는 게 가장 기본이 되는 형태라는 것에 희망을 두고, '파랗다'라고 그냥 답을 내본 것뿐이에요. 그런데 '소 발에 쥐 잡기'로 이게 용케 잡혔네요. 호호호.

😀 단단 | 히히히 그러면 영영아, "너는 발이 족발이냐, 소 발이냐?"

😎 해마루 | 어헛, 단단아, 사람을 놀리면 못 써. 시시껄렁한 농담할 때가 아니지?

😀 단단 | 죄송해요. 저는 그냥 웃기려고 그랬어요. 맹하게 가만히 있는 것보단 어쨌든 재미난 게 좋은 게 아닌 가요?

😎 해마루 | 하하하 네 뜻은 이해한다. 그러나 때와 장소를 가려서 말과 행동을 해야 한단다, 알겠지? 태도는 알고 보면 기본 인성이고 생활의 지혜에 속하는 거야. 지혜는 용기이기도 하고 참을성이기도 하잖니? 참을 수 없는 걸 참아야 진정한 참을성이 길러지겠지?

😀 단단 | 넵, 잘 알겠습니다. 제가 조금 까불었어요. 반성합니다.

👧 영영 | 단단아, 고마워. 그러나 난 소 발이 아니거든. 호호호.
선생님, 그러면 형용사 '파란'은 '어간'과 '어미'를 어떻게 가르면 될까요?

03 종결 어말어미

종결 어말 어미 ----- 문장을 끝맺는 어미

※ 어말어미를 한눈에 넣기 위해서 앞장에 이어 '종결 어말어미'를 여기서 한 번 더 공부해요.

1) 평서형 종결 어미 : -다, -입니다

> |보기| 밥을 먹었다. ----- 평서문

2) 의문형 종결 어미 : -니, -까, -느냐

> |보기| 밥을 먹고 있니? ----- 의문문

3) 명령형 종결 어미 : -라, -어라

> |보기| 밥을 빨리 먹어라. ----- 명령문

4) 청유형 종결 어미 : -자, -자꾸나

> |보기| 밥을 빨리 먹자. ----- 청유문

5) 감탄형 종결 어미 : -구나, -도다

> |보기| 밥이 참 맛있구나. ----- 감탄문

종결 어미를 배우다 보면 저절로 문장 종류 5가지를 배우게 돼요. 꿩 먹고 알 먹고, 일석이조. 여기서 종결이란 끝맺는다는 뜻이에요. 즉 '종결 어말어미'란 문장을 끝맺는 어말어미라는 뜻이죠. 이것은 우리 국어에서 문장을 끝맺는 방식이 5가지가 있다는 뜻이기도 해요.

1) 평서형 종결 어미로 문장이 끝나면 이 문장을 <u>평서문</u>이라고 해요.
2) 의문형 종결 어미로 문장이 끝나면 이 문장을 <u>의문문</u>이라고 해요.
3) 명령형 종결 어미로 문장이 끝나면 이 문장을 <u>명령문</u>이라고 해요.
4) 청유형 종결 어미로 문장이 끝나면 이 문장을 <u>청유문</u>이라고 해요.
5) 감탄형 종결 어미로 문장이 끝나면 이 문장을 <u>감탄문</u>이라고 해요.

▸ 평서문은 사실을 알리는 평범한 문장이고,

　│보기│ 나는 시지중학교에 다닌다. → 평서형 종결어미

▸의문문은 질문하는 형식의 문장이고,

　│보기│ 너는 집이 어디니? → 의문형 종결어미

▸ 명령문은 명령하고 지시하는 문장이고,

　│보기│ 밥을 좀 빨리 먹어라. → 명령형 종결어미

▸ 청유문은 함께하자고 부탁하는 문장이고,

　│보기│ 나래야, 도서관에 같이 가자. → 청유형 종결어미

▸ 감탄문은 느낌을 표현하는 문장이에요.

| 보기 | 여기 돈가스는 정말 맛있구나! → 감탄형 종결어미

기본 연습

밑줄 친 부분에 주의하며 문장의 종류를 밝히세요.

• 평서문, 의문문, 명령문, 청유문, 감탄문 --- ( )안에 문장 종류를 적으세요.

1. 같이 가면 안 될 이유가 있니?
2. 우리 학교는 매호중학교입니다. ( )
3. 우리 다치지 말고 건강하게 잘 다녀오자. ( )
4. 창수야, 네 꿈을 향해 달려라. ( )
5. 학교가 요즘은 너무 어수선해졌어요. ( )
6. 예지야, 점심시간에 같이 도서관에 가자. ( )
7. 희미하게 켜진 등불이 마치 안개꽃 같구나. ( )
8. 장미꽃다발을 선생님이 좋아하실까? ( )
9. 훈련은 시합처럼 하고, 시합은 훈련처럼 하라. ( )
10. 안개는 산을 지우고 들을 지우고 마을을 지웠다. ( )
11. 머리를 쓰며 살지 말고 마음을 잘 쓰며 살자. ( )
12. 빗속에서 종소리가 서글프게 떠는구나. ( )
13. 수증기가 폴폴 하늘로 사라집니다. ( )

14. 모든 글쓰기는 인생의 훌륭한 답안지이다. （   ）

15. 지식은 즉석식품 같은 것이 아닐까? （   ）

16. 먹구름 속에도 해가 들어 있지. （   ）

17. 하하하, 숙제 없는 방학이 무척 달콤합니다. （   ）

18. 물은 물이요 산은 산이다. （   ）

19. 봄 산이 기지개를 펴요. （   ）

20. 초록 풀을 지키려고 해가 잠시 숨었나 보다. （   ）

실력다짐

가. 다음 문장에서 종결어미 부분을 찾아 ○표 하세요.

1. 너 어제 안 자고 뭐 했니?

2. 창수의 집안은 아침부터 바쁘다.

3. 벌써 꾸벅꾸벅 조는 애들이 보입니다.

4. 손을 깨끗이 씻고 줄 뒤에 빨리 붙어라.

5. 과자 몇 개를 먹은 게 점심 전부가 되었어.

6. 이 문제를 좀 도와 줄 사람이 없나요?

7. 늦었다. 빨리 가자꾸나.

8. 저녁 시간에 내가 맛있는 걸 사 주마.

9. 그 아이는 마치 달팽이처럼 느려요.

10. 교실 앞을 서성거리다가 선생님의 눈에 띄었다.

나. 밑줄 친 부분을 지시한 표현으로 고치세요.

1. 재빨리 교실 안으로 <u>들어간다.</u> --- 청유형 어말어미로 표현 ⇒

                                                 (   )

2. 한 번 스윽 보고 잽싸게 <u>피한다.</u> --- 명령형 어말어미로 표현 ⇒

                                                 (   )

3. 초록 숲이 만세를 <u>부르고 있다.</u> --- 감탄형 어말어미로 표현 ⇒

                                                 (   )

4. 생일 기념으로 내가 오늘 떡볶이 <u>내지.</u> --- 의문형 어말어미로 표현 ⇒

                                                 (   )

5. 방 안으로 차가운 기운이 <u>스며들어.</u> --- 감탄형 어말어미로 표현 ⇒

                                                 (   )

다. 다음 문장을 주어진 지시대로 바꾸어 표현하세요.

1. 다영이가 그림을 빨리 그린다. --- 명령문으로 고치기

    (   )

2. 여름은 햇볕이 뜨겁다. --- 감탄문으로 고치기

    (   )

3. 모든 사랑은 첫사랑입니다. --- 의문문으로 고치기

    (   )

4. 손님이 정말 많이 왔다. --- 감탄문으로 고치기

    (   )

5. 지금 쉬운 것도 처음에는 다 어려웠다. --- 의문문으로 고치기

　　(　　　　　　　　　　　　　　　　　　　　　)

6. 푸른 바다가 손짓을 한다. --- 감탄문으로 고치기

　　(　　　　　　　　　　　　　　　　　　　　　)

7. 장미꽃이 참 예쁘구나. --- 평서문으로 고치기

　　(　　　　　　　　　　　　　　　　　　　　　)

8. 한 그릇 먹고 더 먹어도 되나요? --- 평서문으로 고치기

　　(　　　　　　　　　　　　　　　　　　　　　)

9. 성은아, 그만하고 집에 가자꾸나. --- 명령문으로 고치기

　　(　　　　　　　　　　　　　　　　　　　　　)

10. 책을 꾸준히 읽어 자기 생각을 튼튼하게 가꾼다. --- 청유문으로 바꾸기

　　(　　　　　　　　　　　　　　　　　　　　　)

3
낱말의 씨앗을 뿌려라

-형태소와 낱말-

마중물1

단단과 영영은 밖에 나가서 햇빛과 입을 여러 번 맞추고 다시 교실로 돌아온다. 생글생글 웃는 낯빛이다. 국어 천재가 갓 되려는 설렘이 몸 짓과 표정에서 묻어난다. 해마루 사부는 명상에 잠겼다가 '드르륵' 문 여는 소리에 눈을 번쩍 뜬다.

🙂 해마루 │ 어서 오너라. 다시 만나서 반가워. 지금부터는 무얼 공부한다고 했지?

😊 단단, 영영 │ 네, '형태소'를 정식으로 공부한다고 했어요.

🙂 해마루 │ '형태소'는 무슨 뜻이겠어? 국어학자들이 '이름을 왜 이렇게 붙였을까?'를 생각해 보자고. 그러면 원하는 대답을 얻을 수 있거든. 이게 바로 지식의 밑뿌리를 캐는 작업이지. 만약에 나라면 이름을 어떻게 붙일 것인지를 생각해볼 수도 있어. 이런 게 우리가 낯선 지식과 친숙해지고 좀 더 가까워지는 비결이야.

😊 단단 │ '형태소'는 무슨 '형태를 갖춘 요소'라는 뜻이 아니에요?

😊 영영 │ 호호호 낱말 뜻은 그런 것 같은데, 이게 어디에 사용되는가 하는 게 또 중요하겠죠?

🧑 해마루 | 형태소는 낱말을 이루는 요소야.

형태소가 단어가 되고 또 이게 모여서 또 다른 하나의 단어가 되는 거거든.

🧑 단단 | 그럼, 낱말을 쪼개면 그게 바로 '형태소'가 되는 거로군요.

🧑 해마루 | 그렇지. 그런데 우리가 알고 있는 걸로는 낱말을 쪼개면 '자음과 모음'이 남는 거잖아.

🧑 영영 | 자음과 모음이 합쳐져서 글자가 되잖아요. 혹시 그 글자 하나하나를 '형태소'라고 하는 게 아닌가요? 자음과 모음이 합쳐져야 글자 형태가 만들어지니까요.

🧑 단단 | 그런데 글자하고 형태소는 많이 다를 것 같은데...

'형태소'는 뭔가 특별한 뜻이 있을 것 같아요. 선생님, 어때요? 그렇지 않나요?

🧑 해마루 | 내가 몇 개의 낱말 보기를 들어줄 테니까 너희들이 '형태소'의 뜻을 짐작해 보기 바란다. '구름'은 형태소가 1개야. '동화책'은 형태소가 2개야. '고슴도치'는 형태소가 1개야. '먹었다'는 형태소가 3개야. '사냥꾼'은 형태소가 2개야. '풋고추'는 형태소가 2개야. '아버지'는 형태소가 1개야. '춥다'는 형태소가 2개야.

자 이만하면 알 수 있을까? '형태소'가 뭘까? 형태소 공부는 낱말 공부에서 아주 중요하거든. '형태소' 공부만 잘하면 낱말을 자기 마음대로 뜯어서 분해하고 조립하고, 그래서 장난감처럼 우리가 단어를 가지고 마음껏 놀 수도 있어.

🧒 **단단** | 선생님, 보기를 너무 많이 들어서 도로 헷갈려요. 에고공, 이를 어째?

👩 **영영** | 그러니까 보기로 든 8개의 낱말에서 말한 '형태소' 개수를 가지고, '형태소'의 정의를 우리가 내려보라는 말씀이시죠?

🧒 **단단** | '형태소' 개수가 글자 개수하고는 별 관계없는 거 맞죠? 저기 보면 '고슴도치'는 4글자인데 형태소는 1개란 말이에요. '먹었다'는 3글자인데 형태소 개수가 3개에요. 참 기가 막혀. 이게 뭐지요? 어지럽네. 선생님, 문제가 너무 어려운데요. 못 풀겠어요.

👓 **해마루** | 하하하 내가 너희한테 너무 어려운 걸 요구했나 보네. 그래도 열심히 해 보려무나. 자기 머리로 생각하고 자기 가슴으로 느끼고 자기 손으로 정리하는 게 공부라고 했잖니? 이런 공부가 진짜 알짜배기 인생 공부이기도 하고 말이야.

글쎄 위의 낱말을 가로세로 열심히 들여다보면 뭔가가 보일 수도 있지 않겠니? '형태소가 되는 기준이 뭐지?' 하는 것만 찾아내면 답이 나올 수 있잖아. '아 알겠어. 형태소가 그런 거구나.' 하는 걸 자기 눈으로, 자기 머리로 발견해 내라는 거지. 되겠니? 시간이 걸리더라도 어렵지는 않겠지? 그냥 자기 생각을 말하면 돼. 사실은 내가 정답을 요구하는 게 아니거든. 인생에 정답이 없는 것처럼 생각의 세계에도 정답이 없어. 자기 생각의 길을 꾸준히 정직하게 걸어가면 거기에 인생의 의미와 보람과 가치가 채워지는 게 아닐까 하고 나는 생각하는데 말이야.

단단 | 몰라요, 몰라요. 선생님 잔소리 때문에 아유, 더 어려워졌어요. 제발 그러지 마시고 힌트를 좀 더 많이, 그리고 강한 걸로 주세요. 초보자인 나도 단박에 찾아낼 수 있게 말이에요.

해마루 | 알았다, 알았어. 내가 결정적인 힌트를 주지. '고슴도치'는 형태소가 1개라고 했지. 그런데 '먹었다'는 형태소가 3개라고 했잖아. 이 둘을 비교해보면 형태소가 뭔지 알만해질 거야. 자, 이 둘을 눈에 불을 켜고 잘 들여다보라고. '형태소'의 뜻이 대충이나마 잡히지 않을까 하는데 말이야.
　자, 이 두 낱말에 집중할 것. 집 - 중!

단단 | 아, 알겠어요. 명사와 동사의 차이. 선생님, '고슴도치'는 명사이고 '먹었다'는 동사예요. 명사는 더 쪼갤 수가 없는데, 동사는 '어간'과 '어미'로 쪼갤 수 있어요.

해마루 | 옳지, 뭐가 돼 가는구나. '먹었다'를 정확하게 3부분으로 쪼개 보렴.

🙂 **단단** | '먹었다'의 기본형은 '먹다'입니다. 그러니까 '먹었다'에서 '먹'은 어간이고 '다'는 어미이고 '었'은 음~ 그 뭐냐? 아 그렇지, '선어말 어미'예요. '과거'를 뜻하는 '과거 시제 선어말 어미' 말이죠.

🤓 **해마루** | 하하하 단단이 대단하구나. 앞에서 슬쩍 들은 것을 깡그리 다 외고 있네.

　단단아, 잘 생각해 봐. 이제 거의 답이 다 나왔거든. 형태소가 도대체 뭘까? 국어학자들이 이것을 왜 '형태소'라고 이름을 붙였을까? 국어는 낱말 속에 답이 숨겨진 게 참 많거든. 그러니까 국어 공부의 핵심은 낱말 공부라는 거지. 명심하고 또 명심해서 평소에 낱말 공부를 정말 열심히 하기 바란다.
영어와 수학 공부에 바치는 시간의 절반만 사용하면 누구나 국어 공부의 달인이 될 수 있어. 이거 정말이거든. 영어와 수학 공부처럼 국어 공부를 매일 조금씩만이라도 한다면 그 아이는 진짜로 국어 챔피언이 될 수 있어. 이건 하늘이 무너져도 내가 보장할 수 있어. 내가 장담할게. 이것 하나만으로도 너희들은 국어 천재가 될 수 있거든. 그러니 나를 믿는 만큼 너희들이 날마다 낱말 공부를 조금씩이나마 실천하기 바란다. 알겠지?

🙂🙂 **단단, 영영** | 넵, 알겠습니다. 낱말 공부를 열심히 하겠습니다.

🤓 **해마루** | 그래 그래, 고맙구나. 다시 '형태소' 공부로 돌아가 볼까?

영영 | 아아 알겠어요. 형태를 갖춘 것, 그러니까 글자 중에서 특별한 뜻을 가지고 있는 걸 '형태소'라고 해요. 뜻을 가지고 있고 형태를 갖추고 있으며 낱말을 이루는 문법의 가장 기본 요소를 국어학자들이 '형태소'라고 이름 붙인 것 아니에요?

단단 | 아니 그럼 '고슴도치'는 왜 형태소가 1개야?

영영 | '고슴도치'는 글자 수대로 다 쪼개면 뜻이 다 깨지고 없어져. 일정한 뜻을 간직하고 있어야 '형태소'가 되는 거지.

단단 | 그렇다면 '동화책'은 왜 형태소가 2개야?

영영 | '동화책'은 형태소가 '동화' 1개에다가 '책' 1개, 그래서 형태소가 2개지. 형태소 '동화'를 더 쪼개면 '동+화' 이렇게 하면 뜻이 사라지고 없어져. 그러면 형태소가 안 되는 거지. 그냥 글자가 되고 마는 거야.

단단 | 아유, 나는 몰라. 알 듯 말 듯 헷갈려.
선생님, 좀 도와주세요. '형태소'가 도대체 뭐예요?

해마루 | 하하하 단도직입으로 말하지.
'형태소'는 '뜻을 가지고 있는 언어의 가장 작은 단위'를 가리켜. 그래서 형태소를 쪼개면 낱말의 뜻이 파괴되고 말지. '형태소'는 낱말을 이루는 기본 요소인데, 뜻을 가지고 있다는 게 가장 큰 특징이야. 이것 때문에 글자라든지 음절이라든지 음운이라는 것과 형태소가 구별되는 거지.

🙂 단단 | 아이쿠야, '음절'과 '음운'은 또 뭐예요?

😎 해마루 | 하하하 단단아, 새 것이 등장할 때마다 너는 벼락 맞은 것처럼 깜짝 놀라는구나. 그러지 마라. 지식이라고 해서 다 배울 수 있는 게 아니야. 또 그럴 필요도 없고 그래서도 안 돼.
　이 자리에선 그걸 알 필요가 없어. 괜히 머리만 더 복잡해져. 나중에 기회가 되면 배울 수 있거든. 그건 그때 가서 공부하도록 하자고. 어쨌든 '형태소'는 '뜻을 가진 가장 작은 말의 단위'야. 그러니까 형태소를 가지고 낱말을 만들고 그러는 거지.

👧 영영 | 선생님, 질문이 있어요.
　'형태소'에서 뜻이란 건 약간의 뜻만 있으면 된다는 거죠? '었'처럼 과거라는 뜻을 가지고 있거나 어말 어미 '다'처럼 문장이 끝났다는 의미를 갖고 있으면, 이게 다 '형태소'라는 거 아니에요?

😎 해마루 | 옳다구나 그렇지. 바로 그거야. '형태소'라는 게 그렇다는 거지.

🙂 단단 | 와우 나도 알겠어요. 늦었지만... 내가 참 똑똑하긴 하네.ㅋㅋ

그러면 '고슴도치'는 더 쪼개면 의미가 사라지니까 '고슴도치' 자체가 하나의 형태소라는 거군요. 보니까 형태소 1개가 그대로 하나의 낱말이 되는 것도 있고, 형태소 2개, 3개가 모여 하나의 낱말이 되는 것도 있군요.

해마루 | 하하하 그렇다마다. '형태소' 개념만 정확히 알면 낱말의 짜임새를 우리가 직접 확인해 볼 수가 있지.

영영 | 그러면 '예쁜 손수건'은 형태소가 몇 개예요?

단단 | 헤헤헤 그건 내가 해볼게.

'예쁜'은 형용사로서 기본형은 '예쁘다'입니다. 따라서 '예쁜'에서 어간은 '예쁘'이고 어미는 남아있는 'ㄴ'이지요. 'ㄴ'은 '관형사 전성어미'입니다. 그러면 '예쁜'은 형태소가 어간 1개, 어미 1개, 합해서 2개입니다. '손수건'은 '손'과 '수건'으로 쪼개지네요. 형태소는 '손'1개, '수건'1개, 모두 2개입니다.

그러면 '예쁜 손수건'은 형태소가 모두 4개가 되지 않겠어요.

영영 | 이야, 대단해요. 단단이 나보다 '형태소'를 더 잘 이해한 것 같아요.

01 형태소

형태소 : 낱말의 형태를 갖추는 요소

|보기| 엄마, 꽃, 무척, 공부, 책가방, 살며시, 먹었다, 덥다, 예쁘다 ....

🔍 **실력 돋보기**

형태소 : 낱말을 이루는 절대 요소로, 뜻을 가진 언어의 최소 단위

(그러므로 '어간, 어미, 조사, 접사, 어근'도 형태소임)

① **1개의 형태소로 된 낱말** : 책, 구름, 고구마, 사랑, 구름, 바람, 밥,

　　사다리, 오징어, 고슴도치, 겨울, 아침, 아지랑이, 안개,

② **2개의 형태소로 된 낱말** : 김밥 --- 김 + 밥

　　　　　소고기 --- 소 + 고기

　　　　　먹다 ---- 먹(어간) + 다(어미)

　　　　　꽃나무 --- 꽃 + 나무

　　　　　파랗다 --- 파랗(어간) + 다(어미)

　　　　　미역국 --- 미역 + 국

　　　　　봄바람 --- 봄 + 바람

얕다 ---- 얕(어간) + 다(어미)

선생님 --- 선생 + 님('높임'의 뜻, 접사)

③ 3개의 형태소로 된 낱말 :

먹었다 --- 먹(어간) + 었('과거'뜻, 선어말어미) + 다(어미)

뛰놀다 --- 뛰(어간) + 놀(어간) + 다(어미)

마셨다 --- 마시(어간) + 었('과거' 뜻, 선어말 어미) + 다(어미)

　　　　　기본형은 '마시다'

해마루 톡톡

- 형태소에는 어간과 어미, 어근과 접사, 조사 등이 있어요.
- 단어는 9품사(명사, 대명사, 수사, 동사, 형용사, 관형사, 부사, 감탄사, 조사) 낱말을 가리
  켜요.
- 단어와 낱말은 같은 거예요.

● 그녀는 사과를 참 잘 먹는다.
　⇒ 이 문장의 형태소 개수는? (9개)
　⇒ 이 문장의 단어 개수는? (7개)

그녀는 　= 　그녀(대명사) + 는(조사) --- 형태소 2개

사과를 　= 　사과(명사) + 를(조사) --- 형태소 2개

　참　 = 　참(부사) --- 형태소 1개

　잘　 = 　잘(부사) --- 형태소 1개

먹는다 = 먹(어간) + 는(현재 선어말 어미) + 다(어말 어미) --- 형태소 3개 (단어는 동사1개)

　　　　　기본형은 '먹다'(동사)

기본 연습

다음 낱말을 형태소로 나누세요.

1. 국밥   (   )
2. 칼   (   )
3. 잠꾸러기   (   )
4. 사다리   (   )
5. 치마   (   )
6. 불고기   (   )
7. 풋사랑   (   )
8. 눈물   (   )
9. 나무못   (   )
10. 늦잠   (   )

11. 맨손   (   )
12. 선생님   (   )
13. 배부르다   (   )
14. 불꽃   (   )
15. 뛰놀다   (   )
16. 고무신   (   )
17. 밤낮   (   )
18. 해돋이   (   )
19. 새파랗다   (   )
20. 차멀미   (   )

실력다짐

가. 다음 문장에 쓰인 형태소의 개수를 적으세요.

1. 갑자기 비가 내린다.   (   )개
2. 약 기운에 눈꺼풀이 무겁다.   (   )개
3. 창수는 빵과 우유를 먹었다.   (   )개
4. 거북선은 우리의 자랑이다.   (   )개
5. 비가 오면 라면이 먹고 싶다.   (   )개
6. 하얀 눈이 반갑다.   (   )개

7. 가다 멈추면 안 된다.   (   )개

8. 산에 꽃이 핀다.   (   )개

9. 차를 탈 때마다 멀미가 난다.   (   )개

10. 우두커니 서 있네.   (   )개

나. (   )에 들어갈 알맞은 형태소는?

1. 감기약 = (   ) + 약

2. 하얗다 = (   ) + 다

3. 놀았다 = (   ) + (   ) + 다

4. 피었구나 = (   ) + (   ) + (   )

5. 달려라 = (   ) + (   )

02 낱말의 짜임

낱말(단어)에는 단일어와 복합어가 있어요.

    ① 단일어 : 어근 하나로 만들어진 낱말 --- 형태소가 1개인 낱말

      |보기| 하늘, 바람, 꽃, 밥, 어머니, 치마, 연필, 주전자....

    ② 복합어 : 합성어와 파생어가 있어요.

      1) 합성어 : 어근 + 어근 ------ 형태소가 2개 이상인 낱말

        |보기| 돌다리 -- 돌 + 다리
                    어근(명사) 어근(명사)

            그림책 - 그림 + 책
                    어근(명사) 어근(명사)

            물고기 - 물 + 고기
                    어근(명사) 어근(명사)

      2) 파생어 : 어근 + 접사 --- 형태소가 2개 이상인 낱말

        |보기| 잠꾸러기 — 잠   +   꾸러기
                    어근(명사)   접사(명사를 만드는) ※ 장난꾸러기, 욕심꾸러기

            지우개 --- 지우   +   개
                    어근(동사 '지우다'의 어간) 접사('도구'의 뜻) ※ 덮개, 마개

            풋고추 --- 풋   +   고추
                    접사('신선한, 덜 익은'의 뜻) 어근(명사) ※ 풋사과, 풋사랑

1. 어간은 어미와 짝을 이루고, 어근은 접사와 짝을 이루어요.

| 보기 | 먹다 = 먹(어간) + 다(어미) ---- 품사는 동사

먹이 = 먹(어근) + 이(접사) ---- 품사는 명사(파생 명사, 파생어)

2. 우리말에는 낱말을 만드는 방법이 2가지가 있어요.(물론 원래 있는 낱말은 '단일어'라고 함) 합성어를 만드는 방법은 합성법이라고 하고,
합성어가 만들어짐
파생어를 만드는 방법은 파생법이라고 해요.
파생어가 만들어짐

기본 연습

다음 낱말이 단일어이면 (단), 복합어이면 (복)을 적으세요.

1. 소고기	(	)	11. 돌무덤	(	)
2. 장난꾸러기	(	)	12. 엄마	(	)
3. 비둘기	(	)	13. 시아버지	(	)
4. 고구마	(	)	14. 새파란	(	)
5. 바지	(	)	15. 부채질	(	)
6. 맨주먹	(	)	16. 상처투성이	(	)
7. 한겨울	(	)	17. 맞서다	(	)
8. 덮개	(	)	18. 서늘한	(	)
9. 검붉다	(	)	19. 햇과일	(	)
10. 차라리	(	)	20. 고슴도치	(	)

가. 다음 문장에 쓰인 형태소의 개수를 적으세요.

1. 눈이 내릴 것 같다. ( )개

2. 잠이 자꾸 온다. ( )개

3. 또 먹어? ( )개

4. 유리창에 눈꽃이 피었다. ( )개

5. 인생은 짧고 예술은 길다. ( )개

6. 우리들은 나라의 꿈나무 ( )개

7. 병이 싹 나았다. ( )개

8. 자전거를 타고 가자. ( )개

9. 사과가 참 예쁘구나. ( )개

10. 거울이 안에 또 있네. ( )개

나. ( )에 들어갈 형태소를 적으세요.

1. 오셨다 = ( ) + ( ) + ( ) + 다

2. 파란 = 파랗 + ( )

3. 먹는다 = ( ) + ( ) + 다

4. 짧아 = ( ) + ( )

5. 마신다 = ( ) + ( ) + 다

마중물2

 해마루 │ 그래 그래 고맙구나. 너희 앞길을 내가 뒤에서 많이 도와주마.

그렇지, 문법 공부는 자주하면 좋아. 어떻게 보면 문법 공부는 곧 낱말 공부잖아. 낱말 공부를 제대로 하려면 한도 끝도 없지만, 그래도 낱말 공부는 낱말 뜻을 외우는 게 가장 중요하겠지. 그런데 이게 하루아침에 되는 게 아니잖아. 틈나는 대로 낱말을 찾아서 익히고 정리하고 외우고 해서 그 낱말을 자기 것으로 만들어야 해. 갈 길이 멀고 멀고 또 멀지. 국어 공부를 잘 하는데 시간이 많이 걸리는 까닭이 바로 이런 데 있거든. 더구나 국어 공부는 또 책을 열심히 읽어야 하잖아. 그러니까 국어 공부 하는 데 시간이 많이 걸릴 수밖에 없지. 책을 나름대로 많이 봐야 하니까 말이야.

 단단 │ 아유유, 정말 그렇네요. 국어 공부를 잘 하려면 책을 많이 읽어야 하잖아요? 그 많은 책들을 언제 다 읽지요? 에고공, 갈수록 태산이네.

 해마루 │ 하하하 급한 마음을 가지면 안 된다. 하나하나 한 걸음씩 가면 안 되는 게 없어. 언제나 즐거운 맘으로 책을 읽는다면 다 좋은 거지 뭘 그래. 공부라고 생각하지 말고 말이야. 그렇게 하면

안 되겠니? 독서를 싫어하지만 않으면 돼. 책을 미워하지만 않으면 성공이니까 너무 부담 갖지 말라구. 단단아, 알겠니? 책을 미워하면 안 돼요.

🧒 단단 | 넵, 책을 미워하지 않을래요. 자신 있어요.

😎 해마루 | 그래 그래. 책은 '정신이 먹는 밥'이란다. 우리가 밥을 먹고 키가 크고 힘을 내는 것처럼 우리 정신도 밥을 먹어야 하는데 그게 바로 책이란다. 이 밥은 언제 차려진지도 모르게 먹는 밥이야. 어떤 때는 자기가 직접 차려서 먹기도 해야 하는 거야. 매 순간 우리가 숨을 쉬듯이 책을 읽고, 날마다 밥을 먹듯이 책을 읽으면 좋겠지? 그러면 누구나 국어 천재가 될 수 있어. 인생 공부의 달인이 될 수 있는 거거든. 알겠지?

🧒 단단 | 아유, 알겠어요. 책을 꾸준히 열심히 읽을게요. 걱정하지 마세요. 사실은 제가 책 읽는 걸 굉장히 좋아하거든요. 좋아하는 책을 발견하면 가슴이 막 설레요. 영영을 가까이서 느끼는 것처럼 말이죠. ㅋㅋ

👧 영영 | 아유, 선생님 쟤 보세요. 또 나를 가지고 놀리고 있어요. 혼내 주세요.

🧒 단단 | 아니요, 선생님, 저는 책 읽는 걸 좋아한다고 강조하고 있는

걸요. 칭찬 받아야 옳지 않나요?

영영 | 저저, 보세요. 에구머니, 글쎄 단단이 저렇다니까요.

해마루 | 하하하 어쨌든 책을 꾸준히 읽기 바란다. 국어 공부를 잘하는 방법 중에 으뜸이 바로 책읽기란다. 스스로 하는 가장 좋은 공부가 독서이기도 하고 말이야. 옛날에 '선비'를 가리켜 '독서인'이라고 했거든. '(스스로) 책 읽는 사람'이란 뜻이지.

아 참, 독서 말고 또 하나 강조할 것이 있어. '낱말 공부' 말이야.

낱말 공부에서 가장 중요한 것은 낱말 뜻을 아는 것이지. 영어 공부할 때도 왜 제일 먼저 하는 게 영어 단어 외우는 거잖아. 영어를 공부한다면서 단어를 외우지 않고 되겠어? 그러나 낱말 뜻을 알고 익히는 공부는 수업 시간에 내가 너희들에게 가르칠 수 있는 게 아니거든. 그러니 낱말 공부는 틈나는 대로 스스로 낱말을 찾아보고 정리하고 해서, 하나하나 익혀나가야 하지. 꼭 국어책이 아니더라도 생활 속에서 틈틈이 낱말을 익히는 게 국어 공부의 기본을 탄탄히 다져나가는 비결이 되는 거야. 알겠지?

단단 | 넵, 알겠습니다. 제가 오늘부터 국어 낱말 박사가 되겠어요. 무슨 책이든 어디에 나오든 낱말들을 다 모아 볼래요. 이걸 하나하나 공책에 정리하고 깡그리 다 외울 거예요.

해마루 | 하하하 단단이 대단하구나. 그렇게 할 수 있겠니?

그래 그 의지가 가상하다. '그 사람의 한계는 그 사람 언어의 한계'라는 말이 있단다. 어떤 수준의 낱말과 표현을 사용하는지가 그 사람의 인격과 지식과 실력을 가늠하는 잣대가 되는 거지. 안 할 말로 너희들과 나는 수준이 조금 다른데, 결정적인 차이는 너희가 쓰는 언어와 내가 쓰는 언어가 질적으로 양적으로 수준이 다르다는 거야.

낱말 공부가 그만큼 중요하다는 거지. 국어 공부에서 낱말 공부는 공부의 처음이자 끝이야. 과장한다면, 국어 지식을 하나도 모른다 해도 우리 낱말을 마음대로 부려 쓸 수 있다면 국어 공부를 따로 할 필요가 전혀 없는 거지. 그는 그저 글을 쓰거나 문학 작품을 창작해서라도 사회적으로 크게 이바지할 수가 있지 않겠어? 잘하면 노벨 문학상도 탈 수 있겠지? 그는 모든 낱말과 표현에 통달했는데, 그러지 말라는 법이 있기나 하려고?

👦 단단 | 그러면 혹시 수업 시간에 할 수 있는 낱말 공부로 뭐 좋은 게 없나요?

😀 해마루 | 글쎄다, 너희가 국어 공부하면서 낱말 부분에 어떤 궁금증을 가졌는지 그게 중요하겠지. 자기가 알고 싶어 하는 게 정녕 공부의 알갱이가 되는 거야. 그러면 공부가 탄력을 받고 추진력이 좋아지겠지. 왜냐하면 그는 자기가 알고 싶어 하는 걸 공부하기 때문이지. 왜 공부하는지를 알고 하는 공부와 왜 공부하는지 모르고 억지로 하는 공부가 어떻게 같을 수가 있겠어? 그렇지 않니?

하하하 그래서 말인데, 자기가 평소에 국어에서 낱말 쪽을 공부할 때 궁금해 하던 게 있었을 거 아냐? 그걸 지금 이 자리에서 말해 봐. 그러면 우리가 그걸 같이 공부하면 될 게 아니겠니?

영영 | 저는 낱말이 어떻게 만들어지는지가 참 궁금했어요. 어떤 낱말은 1글자이고 어떤 낱말은 2글자이고 어떤 낱말은 3글자이고, 그렇잖아요? 또 보면 두 개의 낱말이 하나로 붙어 있는 것도 있고 혼자 독립적으로 쓰이는 낱말도 있고, 그런 것 같아요. 그래서 말인데요, 낱말의 종류와 낱말이 만들어지는 방법을 알고 싶어요.

해마루 | 하하하 그래, 그랬구나. 잘 끄집어내었어.

좋아, 아주 좋은 질문이야. 사실 어른이나 아이들이나 낱말의 품사가 무언지, 이게 '동사'인지 '부사'인지, 그게 중요한 게 아니잖아? 그건 시험 치를 때 써먹으면 되는 거고 진짜로 알고 싶어 하는 건 낱말이 어떤 종류가 있는지, 낱말이 어떻게 만들어지는지 그걸 알고 싶어 하는 게 크지, 그렇지 않니?

단단 | 후후후, 예, 맞아요. 나도 사실은 그게 굉장히 궁금했어요.

해마루 | 세상의 모든 낱말은 두 종류로 나눌 수 있어. 홀로 된 낱말과 둘이 결합된 낱말 - 이렇게 나눌 수 있지. 홀로 된 낱말은 '돌, 구름, 물, 바람' 이런 거야. 둘이 결합된 낱말은 '동화책, 풋고추, 검붉다' 같은 거지. 이건 둘로 쪼갤 수 있잖아. 가령 '동화책'은

'동화'와 '책'이 결합된 거잖아. 형태소가 2개라는 거지.

자 그러면, 우리가 이 2종류의 낱말 이름을 한번 붙여볼까? 똑똑한 국어학자들이 이름을 벌써 지어 주었겠지? 그래도 너희가 이것의 이름을 한번 지어 봐. 시간은 충분히 줄게. 먼저 형태소 홀로 이루어진 낱말은 이름을 무엇으로 하면 좋을까?

🙂 단단 │ '홀 말'이 어때요? 선생님. 홀로 낱말이 되었으니까요. '홀 말' - 이것 참 괜찮은데.ㅋ

🙂 영영 │ 내 생각에는 한자말로 이름을 지었지 싶은데.. 음, '홀 말'은 순 우리말이잖아. 또 심하게 말하면 말 한 마리가 '홀 말'이기도 하잖아. 모든 낱말을 대표하는 이름으로는 적당하지 않은 것 같은데...

🙂 해마루 │ 옳지, 잘한다. 영영의 생각이 재미있네. 한자로 이름을 지어보렴.

🙂 단단 │ 어라 그렇구나. 혼자라는 한자가 뭐가 있지. 옳지, 단독? 고독? 유일? 단일? 단순?

알았다. 선생님, 저는 '단순어'라고 이름을 지을게요.

🙂 해마루 │ 아이쿵, 얼추 맞혀간다. 잘하면 바로 맞힐 수도 있겠는 걸. 잘 생각해 봐. 이런 경우에는 어떻게 해결하는 게 좋은가 하면 말

이야. 짝이 되는 걸 먼저 밝힌 후에 둘을 비교하면 답이 정확히 나오게 돼. 이걸 '단순어'라고 이름 지으면 그 짝이 되는 건 '복잡어'가 되잖아. '단순과 복잡' 이 둘은 짝이 잘 맞지? 과연 국어학자들이 이 낱말의 이름을 짓는데 '복잡어'라는 표현을 쓸까? 가뜩이나 복잡한 세상에, 그렇잖아도 복잡하고 어지러운 국어 문법 공부에 말이야. 그렇다면 하나의 형태소로 하나의 낱말이 된 것을 어떻게 이름 붙이면 좋을까? 놀랍게도 단단이 말한 것 중에 정답이 들어 있어.

🙂 단단 | 예, 알겠어요. 음~~ 그렇다면 '단일어' 아니에요?

😎 해마루 | 딩동댕, 정답! 단일어, 합격!

😎 해마루 | 그렇다면 '단일어' 말고 몇 가지 형태소가 합쳐진 낱말은 무어라고 하면 될까?
　　　단일어와 짝이 잘 이루어지게 이름을 한번 멋있게 만들어 봐.

🙂 단단 | 합체어. ㅋㅋ

😊 영영 | 얘, 낱말이 무슨 로봇이니? 합체하게.

😎 해마루 | 후훗, 여하튼 두 개 이상이 합쳐지는 건 틀림없겠지. 다시 잘 생각해 봐.

영영 | 합성어, 어떨까요? 합쳐서 만들어지니까요. 저는 '합성어'가 좋아요.

단단 | 아유, 그럴 듯 한데요. 합쳐져서 만들어졌으니까 '합성어'! 좋은데요.

해마루 | 어떡하나? 반은 맞고 반은 틀렸네. 합쳐져서 만들어지는 낱말이 또 2종류가 있다는 거지. 이건 배우지 않고서는 도저히 여러분들 머릿속에서 지어질 수가 없거든. 그냥 답을 내가 말할 수밖에 없어. 미안해. 시간에 쫓겨 더 생각할 기회를 주지 못해서 정말 미안하구나.

단단 | 괜찮아요. 가끔은 아무 생각 없이 주는 대로 지식을 받아먹는 게 더 맛있어요. 편안하고 자유롭고 행복해요.ㅋㅋㅋ

영영 | 아유, 단단이 말을 저렇게 잘해요. 말글을 장난감처럼 가지고 놀아요, 아예.

해마루 | 하하하 좋구나. 맞아, 말글은 생활필수품이고 장난감이야. 돈 들이지 않고 누구라도 자유롭게 쓸 수 있는 장난감이고 공기 같은 것이지. 말글을 신성시하고 거룩하게만 여기면 안 돼. 그건 그것대로 가치가 있는 것이고 이건 이것대로 가치와 의미가 있는 것이지.

03 어근과 접사

🌱 **바탕 다지기**

모든 낱말은 '단일어'이든가 아니면 '복합어'이든가 둘 중의 하나예
요. 여기서 기준이 되는 게 바로 '어근'. 그러니까 '어근'을 잘 알아야
단일어와 복합어를 잘 알 수 있죠. 게다가 그래야만 우리가 낱말 사용
을 정확하고 풍부하게 할 수 있거든요.

1. 어근 : 어근은 낱말에서 '말의 실질적인 의미'를 나타내는 가장 중
   요한 부분임

   | 보기 |

   물 : '물'은 1개의 어근을 가졌고 품사는 명사임 → 단일어

   구름 : '구름'은 1개의 어근을 가졌고 품사는 명사임 → 단일어

   오늘 : '오늘'은 1개의 어근을 가졌고 품사는 부사임 → 단일어

   먹다 : '먹다'는 1개의 어근(먹/어간)을 가졌고 품사는 동사임 → 단일어

   동화책 : '동화책'은 2개의 어근(동화 + 책)을 가졌고 품사는 명사임 → 합성어

   검붉다 : '검붉다'는 2개의 어근(검/어간+ 붉/어간)을 가졌고 품사는 형용사임 → 합성어

2. 접사 : 접사는 어근에 붙어서 파생어를 만듦

   ① 접두사 : 어근의 앞에 붙음 (특별한 뜻을 표현함)

   | 보기 | 시어머니 ----- 접두사 (시) 남편 집안 + 어근 (어머니)

   　　　　새파랗다 ---- 접두사 (새) 아주, 매우 + 어근 (파랗다)

맨발 ------- 접두사 (맨) 빈, 비어있는 + 어근 (발)

한여름 ----- 접두사 (한) 한창, 한복판 + 어근 (여름)

덧니 ------- 접두사 (덧) 덧붙임 + 어근 (니)

② 접미사 : 어근의 뒤에 붙음 (특별한 뜻을 표현함)

| 보기 | 덮개 ------- 덮 + 개
　　　　　　　　　　어근　접미사

 동사 '덮다'가 〈개-도구〉의 도움을 받아 명사가 되었음(파생 명사)
그러므로 '덮개'에서 '덮'은 어간이 아니라 어근임. 왜냐하면 명사에는 어간이 붙을 수 없음

공부하다 ----- 공부 + 하다
　　　　　　　　　　어근　　접미사

 '공부'는 명사, '공부하다'는 품사가 동사임. 따라서 '공부하-'는 어간, '다'는 어미임

슬기롭다 ----- 슬기 + 롭다
　　　　　　　　　　어근　　접미사

 '슬기'는 명사, '슬기롭다'는 형용사. 따라서 '슬기롭-'이 어간, '다'는 어미임

아름답다 ----- 아름 + 답다
　　　　　　　　　　어근　　접미사

 '아름'은 명사, '아름답다'는 형용사. 따라서 '아름답-'이 어간, '다'는 어미임

동사나 형용사에서 '전성 명사'가 된 것과 품사가 그대로인 것, 비교하기

• 자다 (동사) --- 잠 (명사)
            --- 자기 (동사)

• 꾸다 (동사) --- 꿈 (명사)
            --- 꾸기 (동사)

• 슬프다 (형용사) --- 슬픔 (명사)
            --- 슬프기 (형용사)

• 기쁘다 (형용사) --- 기쁨 (명사)
            --- 기쁘기 (형용사)

• 믿다 (동사) --- 믿음 (명사)
            --- 믿기 (동사)

• 예쁘다 (형용사) --- 예쁨 (형용사)
            --- 예쁘기 (형용사)

• 먹다 (동사) --- 먹음 (동사)
            --- 먹기 (동사)

• 넘어지다 (동사) --- 넘어짐 (동사)
            --- 넘어지기 (동사)

• 아름답다 (형용사) --- 아름다움 (명사)
            --- 아름답기 (형용사)

• 배우다 (동사) --- 배움 (명사)
            --- 배우기 (동사)

• 가르치다 (동사) --- 가르침 (명사)
            --- 가르치기 (동사)

기본 연습

다음 낱말이 단일어이면 '단', 합성어이면 '합', 파생어이면 '파'를 적으세요.

1. 가을   (   )   11. 우산   (   )

2. 된장찌개   (   )   12. 치솟다   (   )

3. 햇곡식   (   )   13. 시누이   (   )

4. 배부르다   (   )   14. 미역국   (   )

5. 따갑다   (   )   15. 오누이   (   )

6. 김밥   (   )   16. 그림책   (   )

7. 초콜릿   (   )   17. 구경꾼   (   )

8. 지우개   (   )   18. 얼음   (   )

9. 검푸른   (   )   19. 돼지갈비   (   )

10. 휴대폰   (   )   20. 뛰놀다   (   )

실력다짐

가. 다음 문장에 쓰인 형태소의 개수를 적으세요.

1. 비가 오면 좋겠다.   (   )개

2. 버스가 지나간다.   (   )개

3. 무지개가 떴다.   (   )개

4. 돌다리가 저기 있네.   (   )개

5. 공부가 꽤 어렵다.   (   )개

6. 얼른 길을 떠나자.   (   )개

7. 어디부터 갈까?   (   )개

8. 올챙이가 개구리 된다.   (   )개

9. 누나는 오렌지를 좋아해.   (   )개

10. 우리 반에 전학생이 또 왔다.   (   )개

나. (   )에 들어갈 형태소를 적으세요.

1. 안 돼 = 안 + (   ) + 어

2. 생겼다 = (   ) + 었 + 다

3. 찾아라 = (   ) + (   )

4. 깨끗이 = (   ) + (   )

5. 그려라 = 그리 + (   )

4

변장술에 빠지다

-동사, 형용사의 활용-

단단 | 그럼 3번은 내가 풀어볼래요, 선생님.

"어머니께서 시장에 혼자 가셨다."

어머니께서 ⇒ 어머니(명사) + 께서(조사) --- 형태소 2개

시장에　　 ⇒ 시장(명사) + 에(조사) --- 형태소 2개

혼자　　　 ⇒ 혼자(부사) --- 형태소 1개

가셨다　　 ⇒ 가(어간) +셨(선어말 어미) +다(어말 어미) --- 형태소 3개

→　이 문장에 사용된 '형태소' 개수는 모두 8개입니다.

영영 | 잠깐만요. '가셨다'를 더 나눌 수가 없나요? '셨'이 이상한데요. '셨'이 뭐예요?

단단 | 과거를 표시하는 '선어말 어미'잖아요.

영영 | 과거를 표시하는 것은 '셨'이 아니라 '았'과 '었'이잖아요. 과거 선어말어미는 '았/었'이 있잖아요?

단단 | 아차, 알겠어요. '셨'에 '었'이 들어있다는 말씀이죠? 그러면 '셨'은 '시 + 었'이 되겠군요. '시'와 '었'을 하나로 합치면 '셨'이 되네요. 맞습니까? 그러면 여기서 '시'는 무엇이죠?

🙂 영영 | 그거야 '시'가 들어 있는 표현과 '시'가 빠진 표현을 비교해 보면 '시'의 뜻이 분명해지겠지요. '가셨다'에서 '시'를 빼면 '갔다'가 되는군요. 그러면 '갔다'와 '가셨다'는 어떤 뜻의 차이가 있을까요?

🙂 단단 | '갔다'에는 높임의 뜻이 없네요. '가셨다' 하면 높임의 뜻이 잘 나타납니다.

🙂 영영 | 그렇죠. 그렇다면 '시'에는 '높임'의 뜻이 들어 있다는 얘기가 되겠군요.
'시'가 하나의 '형태소'라는 거죠. '시'가 '높임'이라는 뜻을 지니고 있으니까 말이에요.

🙂 단단 | 알겠어요. 그렇게 되네요. 그런데 '시'는 그럼 무엇이지요? 뒤에 나오는 '었'은 과거를 나타내는 '선어말 어미'잖아요. 그럼 '었' 앞에 붙은 '시'는, 이것도 혹시 '선어말 어미'가 아닐까요?

🙂 영영 | 그럴 것 같은데 우리가 배우지 않은 거라서 정확한지는 모르겠어요. 일단은 '선어말 어미'라고 보면 될 것 같아요. 이름은 '높임 선어말 어미'. 어머 선생님, 맞는 것 같은데. 혹시 지금까지 우리 얘기가 다 맞나요?

😄 해마루 | 하하하 그럼 그럼, 아주 훌륭해. 너희들 얘기가 다 맞고말고.

🙂 단단 | 그러면 '가셨다'는 형태소가 '가 + 시 + 었 + 다' 이렇게 4개가 되는 거군요.

😎 해마루 | 딩동댕, 정답이야! 아주 좋아. 잘했어.

🙂 영영 | 그러면 '선어말 어미'는 2가지가 있군요. 하나는 '과거 선어말 어미', 다른 하나는 '높임 선어말 어미' - 이렇게 두 종류 말이에요.

🙂 단단 | 과거 선어말 어미는 '-았/-었'이 있고, 높임 선어말 어미는 '-시'가 있어요.

누군가를 높여주려 하면 '-시'를 붙이면 되겠네요. 그러면 '보다'의 높임 표현은 '보시다', '잡다'의 높임 표현은 '잡으시다', '오다'의 높임 표현은 '오시다' 이렇게 하면 되겠네요.

🙂 영영 | 그렇지. 높일 때는 '시'를 붙이면 다 될 것 같아요.

😎 해마루 | 하하하 물론 안 되는 것도 있지 않겠니? 그렇더라도 마음에 담아둘 필요가 전혀 없어. 중학생으로 이 정도 알면 국어 천재야. 나머지는 고등학교에 가서 천천히 배워도 되거든. 알겠니?

🙂 단단, 영영 | 넵, 알겠습니다.

해마루 | 사실은 '선어말 어미' 중에서 말이야, '과거 선어말 어미'
로 '았/었'이 있다고 했잖아? 과거가 있으면 현재와 미래도 있겠
지? 생각을 해봐. 틀림없이 그렇겠지? 그래, 정말 그럴거든. '현
재 선어말 어미'도 있고, '미래 선어말 어미'도 있어.

　　현재 선어말 어미를 먼저 알아볼까?

단단 | '선어말 어미' 중에서 시간을 표시하면, 과거는 '았/었'이 있
다고 했잖아요? 여기서 '았/었'은 무슨 뜻이에요? '았'이면 '았'이
고 '었'이면 '었'이지, '았/었'은 도대체 뭐죠?

영영 | 정말 그래요. 여기서 빗금(/)은 무슨 뜻이지요?

해마루 | 글쎄다, 너희들이 한 번 맞혀 보렴.

영영 | '선택'하라는 뜻이 혹 아닌가요?

　　'았'이나 '었'을 상황에 맞게 둘 중에서 하나를 선택해서 사용
하라는 뜻 같은데요.

단단 | 그러고 보니, 그럴 것 같은데요.

해마루 | 보기 낱말을 들어서 한 번 설명해 볼까? 영영이 해 보지
그래.

영영 | 동사 '가다'를 가지고 한 번 해볼게요.

　이걸 과거형으로 표현하려면 어떻게 하면 될까요? 기본형 '가
다'에 과거 선어말 어미를 붙이면 될 게 아니겠어요? '가다'에서
어간 '가' 다음에 과거 선어말어미 '았'을 붙이면 '갔'이 되고, 여
기에 '어말어미 '다'가 붙으면 '가+았+다'가 되지요. '가았다'를
줄여서 쓰면 '갔다' 이렇게 되고 말지요.

단단 | 그러고 보니 '가다'에는 시간이 안 나타나는데, '갔다' 하니
까 시간이 과거가 표현이 되네요. 아항, 그러니까 '았'을 '과거 선
어말 어미'라고 하는 거구나. 좋아요. 알았어요.

영영 | 잠깐 단단아, 이걸로 끝이 아니잖아? 끝을 내서도 안 되고
말이야. '았'과 '었'의 차이를 우리가 아직 확인하지 못했잖아? 단
단아, 과거 선어말 어미 중에서 '었'은 언제 쓸까?

단단 | 그야 '었'은 어간에 '어'가 있으면 선택되겠지?

영영 | 보기 낱말을 하나 들어볼래?

단단 | 동사 '먹다'를 가지고 해볼까? 기본형인 '먹다'에는 시간 표
시가 나타나지 않는데, 이걸 과거 시간 형태로 표현하면 어떻게
될까? '먹었다' - 이렇게 되잖아. 여기서 '었'이 바로 '과거 선어
말 어미'가 아니겠니?

🙂 영영 | 어머나, 놀랍고 놀라워. 정말 단단이가 똑똑이구나.

🙂 단단 | 그러니까 과거 선어말 어미를 '았/었'으로 표시하는 까닭은 어떤 때는 '았'을 쓰고 어떤 때는 '었'을 쓰라는 거지. 그래서 '았/었'에서 빗금 '/'은 '선택'의 뜻이 담겨 있는 거야.

🙂 영영 | 호호호 선생님, 정말 고맙습니다. 우리가 이제 '형태소'를 어느 정도 알겠어요.

　형태소가 모여서 낱말이 되잖아요. 낱말은 한자어로 단어라고 하고요. 그러면 단어는 형태소와 어떻게 달라요? 단어는 따로 공부할 필요가 없나요? 단어 공부, 낱말 공부는 어떻게 해요?

🙂 해마루 | 우리가 앞에서 9품사를 배웠잖니? 이 9품사가 바로 낱말이고 단어야. 품사를 따질 수 있으면 그게 바로 단어가 되는 거지. 그러니까 세상의 모든 단어는 9품사 중의 하나가 되는 거야. 까닭에 단어 공부는 따로 할 필요가 전혀 없어.

🙂 단단 | 그래도 '형태소'하고 '단어'가 헷갈리니까 단어 공부도 좀 따로 했으면 좋겠어요.ㅠㅠ

01 활용

🌱 바탕 다지기

활용 : 동사, 형용사가 문장 속에서 어미를 이용하여 기본 형태를 바꾸어가는 것

• " 먹다 = 먹(어간) + 다(어미) " 의 다양한 변화

| 활용의 보기 |

창수가 아이스크림을 맛있게 먹는다.

창수가 아이스크림을 먹는데 서현이가 놀러왔다.

창수가 아이스크림을 먹고 밥은 안 먹네.

창수가 아이스크림을 먹으며 숙제를 한다.

창수가 아이스크림을 먹으려고 슈퍼에 갔다.

창수가 아이스크림을 먹자고 떼를 쓴다.

창수가 아이스크림을 먹으려고 용돈을 들고 나갔다.

창수가 먹는 아이스크림이 내 눈에도 맛있게 보인다.

창수가 먹을 아이스크림은 좀 비싼 거다.

창수가 먹은 아이스크림은 팥빙수 맛이었다.

창수가 아이스크림을 먹지 않고 냉장고에 다시 넣는다.

창수는 어제 학교 앞에서 아이스크림을 사 먹었다.

1. 동사, 형용사를 활용하는 말이라고 해서 '활용언'이라 하며, 준말로 '용언'이라고 해요.
2. 동사, 형용사 외에도 활용하는 말이 하나 더 있어요. '조사' 중에서 서술격 조사(-이다)는 놀랍게도 어간과 어미가 있어서 활용을 해요.

● 서술격 조사 " 이다 = 이(어간) + 다(어미) " 의 다양한 변화

| 보기 | 이것은 만화책이다

    ⇒ 만화책이고

        만화책이지만

        만화책인데

        만화책일까?

        만화책입니다.

해마루 톡톡

활용은 어미 변화 때문에 일어나요. 따라서 활용에서 어미 공부가 아주 중요하지요. 어간과 어미를 잘 알아야 우리 말글을 정확하고 바르게, 그리고 풍부하고 아름답게 잘 쓸 수 있어요.

기본 연습

다음 낱말이 활용을 하면 ○, 아니면 X표를 하세요.

1. 사탕	( )	11. 고와서	( )
2. 아파서	( )	12. 처음으로	( )
3. 책이다	( )	13. 철새	( )
4. 헤엄쳐	( )	14. 꽃구름	( )
5. 잠자코	( )	15. 맛있구나	( )
6. 어려우면	( )	16. 버스	( )
7. 상쾌한	( )	17. 흔들다	( )
8. 먹구름	( )	18. 귀뚜라미	( )
9. 봄비	( )	19. 잡아라	( )
10. 아무튼	( )	20. 기뻐서	( )

실력다짐

가. 다음 문장에서 서술격 조사가 있는 부분을 찾아 ○표 하세요.

1. 너는 매일을 놀러갈 생각뿐이니?

2. 만화책이라고 다 쓸모없나요?

3. 사실은 그림책도 훌륭한 책이거든.

4. 그건 내 사진첩인데 왜 꺼내니?

5. 꾸준히 제 길을 가는 게 힘이지.

6. 그 아이는 책이 참 많다.

7. 약 때문인지 눈이 자꾸 감긴다.

8. 취미는 오직 글을 쓰는 것인데 지금 연필이 없구나.

9. 햇빛은 지구 생명들의 밥이다.

10. 도시를 떠나 시골로 가끔 가자꾸나.

나. 다음 □안에 알맞은 말을 적으세요.

1. 서술격 조사 □□는 활용을 한다.

2. 활용은 어간에 붙은 □□가 변하며 형태를 자꾸 바꾸어가는 것
   이다.

3. 동사와 형용사는 활용을 하기 때문에 이 둘을 합쳐서 □□(이)라고
   말한다.

4. 동사 '보느냐'의 기본형은 □□이다.

5. 동사와 형용사는 문장에서 쓰임에 따라 형태가 변하므로 □□
   □에 해당한다.

02 연결 어말어미(활용)

🌱 바탕 다지기

연결 어미 : 문장을 끝맺지 않고 앞뒤로 연결해 주는 어미

| 보기 | 점심을 먹고 영화관에 갔다.

      연결어미(문장이 끝나지 않고 다음 것과 연결됨)

      아이스크림을 먹으며 숙제를 했다.

      연결어미(문장이 끝나지 않고 다음 것과 연결됨)

🔍 실력 돋보기

연결어미의 3가지 종류

    ① 대등 연결 어미 : -고 , 아, 어, 며 …

    | 보기 | 꽃이 피고 새가 울다.

        ---- 피 + 고

           어간 어미(연결어미: 문장이 이어짐)

        ---- 울 + 다

           어간 어미(종결어미: 문장이 종결됨)

    ② 종속 연결 어미 : -면 , 아서, 려고 …

    | 보기 | 몸이 아프면 병원에 가야지.

---- 아프 + 면 ------ 기본형은 '아프다'

　　어간　　어미(연결어미: 문장이 이어짐)

---- 가 + 야지 -------기본형은 '가다'

　　어간　어미(종결어미: 문장이 종결됨)

③ 보조 연결 어미 : -고 , 아, 어, 며...

| 보기 | 생일잔치를 멋지게 치르고 싶어.

　　　　　　　　　　　본용언　보조용언

----- 치르 + 고 ------ 기본형은 '치르다'

　　　어간　어미(연결어미: 문장이 이어짐)

----- 싶 + 어 ------ 기본형은 '싶다'

　　　어간　어미(종결어미: 문장이 종결됨)

※ 보조 연결어미는 서술어에서 본용언과 보조 용언을 연결할 때 사용함

해마루 톡톡

연결어미 3가지는 일부러 외우지 않아도 돼요. 그냥 눈길 한 번 주는 걸로 충분
해요. 다만 이것들이 문장을 끝맺지 않고 앞뒤를 연결해주는 어미라는 것만 알
면 되지요.

기본 연습

아래 표현을 어간과 어미로 나누세요.

1. 아프면　（　　）+（　　）　　11. 병원에　（　　）+（　　）

2. 알았다　（　　）+（　　）　　12. 달렸다　（　　）+（　　）

3. 피어서　（　　）+（　　）　　13. 멈추고　（　　）+（　　）

4. 먹자　（　　）+（　　）　　14. 가만히　（　　）+（　　）

5. 잡으며　（　　）+（　　）　　15. 기어서　（　　）+（　　）

6. 끝내고　（　　）+（　　）　　16. 봤어　（　　）+（　　）

7. 잠꼬대　（　　）+（　　）　　17. 뭉치면　（　　）+（　　）

8. 단무지　（　　）+（　　）　　18. 뛰놀아　（　　）+（　　）

9. 예뻐서　（　　）+（　　）　　19. 스스로　（　　）+（　　）

10. 풋고추　（　　）+（　　）　　20. 웃으면　（　　）+（　　）

실력다짐

가. 다음 문장에서 연결어미를 찾아 ○표 하세요.

1. 혼자 조용히 책을 읽고 싶어.

2. 하마터면 자빠질 뻔했잖아.

3. 아프면 빨리 병원에 가야지.

4. 저녁을 먹고 영화관에 가자꾸나.

5. 얼음덩이를 입에 넣으며 창수가 눈짓을 한다.

6. 옥상에 바람이 세차게 불어 빨래가 춤을 춘다.

7. 장미 백 송이보다 훨씬 예쁘구나.

8. 선물이 너무 없어서 내가 미안할 지경이다.

9. 양념에 찍어 먹으니 닭볶음이 더욱 맛있다.

10. 언제든지 오고 싶으면 와도 좋아.

나. 다음 연결어미가 대등 연결어미이면 ( )에 1을, 종속 연결어미이면
2를 쓰세요.

1. 배가 고프면 라면을 빨리 끓여라.　　　　　　　(　)

2. 바람이 불고 곧 비가 뿌렸다.　　　　　　　　　(　)

3. 우리 집은 단독 주택이고 창수 집은 아파트입니다. (　)

4. 파란 하늘에 꽃구름이 피어나 그림을 보는 듯했다. (　)

5. 혜을이가 그림을 그려서 나에게 보여주었다.　　　(　)

03 전성 어말어미 (활용)

전성 어미 : 본래의 성격을 바꾸어 주는(전성) 어미

|보기| 내 눈에 예쁘기만 하더라.

　　전성어미(형용사'예쁘다'를 명사처럼 변장함) --- 예쁘기('형용사'의 명사 꼴) + 만(조사)

가는 봄을 아쉬워 말자.

　　전성어미(동사'가다'를 관형사처럼 변장함) --- '가는'의 기본형은 '가다'이며, 품사는 동사임

전성어미의 2가지 종류 - 명사 전성어미, 관형사 전성어미

1. 명사 전성어미 : (으)ㅁ, 기

|보기| 우리 빨리 먹기 시합해 볼까?

　　먹기 --- 먹 + 기 --- 기본형은 '먹다' ⇒ 품사는 '동사'

　　　　어간 어미(명사 전성어미: 동사 기본형 '먹다'를 '명사 꼴'로 변장시킴)

이 약은 하루 지나서 먹음

먹음 --- 먹 + 음 --- 기본형은 '먹다' ⇒ 품사는 '동사'

　　　　어간 어미(명사 전성어미: 동사 기본형 '먹다'를 '명사 꼴'로 변장시킴)

2. 관형사 전성어미 : (으)ㄴ, 는, (으)ㄹ

| 보기 | • 우리 반에 예쁜 여학생이 전학 왔다.

예쁜 --- 예쁘 + ㄴ --- 기본형은 '예쁘다' ⇒ 품사는 '형용사'

어간　어미(관형사 전성어미: 형용사 기본형 '예쁘다'를 '관형사 꼴'로 변장시킴)

• 떨어지는 꽃잎이 비처럼 내린다.

떨어지는 -- 떨어지 + 는 --- 기본형은 '떨어지다' ⇒ 품사는 '동사'

어간　어미(관형사 전성어미: 동사 기본형 '떨어지다'를 '관형사 꼴'로 변장시킴)

• 마실 물을 어디서 구하면 될까?

마실 --- 마시 + ㄹ --- 기본형은 '마시다' ⇒ 품사는 '동사'

어간　어미(관형사 전성어미: 동사 기본형 '마시다'를 '관형사 꼴'로 변장시킴)

해마루 톡톡

1. 동사나 형용사가 활용해서 '전성 명사'가 되기도 하고 품사가 그대로이기
   도 해요.

| 보기 |　● 자다 (동사) ⇒ 잠(명사) , 자기(동사)

　　　　● 슬프다 (형용사) ⇒ 슬픔(명사) , 슬프기(형용사)

　　　　● 믿다 (동사) ⇒ 믿음(명사) , 믿기(동사)

2. (으)ㅁ : 여기서 (으)는 조음소예요. 발음이 힘들고 불편할 때 (으)를 사용하면
   돼요.

기본 연습

명사 전성어미가 붙은 것은 '명', 관형사 전성어미가 붙은 것은 '관'이라고 ( )에 적으세요.

1. 먹기 ( )
2. 예쁜 ( )
3. 먹을 ( )
4. 마시는 ( )
5. 갈 때 ( )
6. 공부하는 ( )
7. 청소하기 ( )
8. 춤추는 ( )
9. 누르기 ( )
10. 흔들림 ( )
11. 뛰는 ( )
12. 그는 천재임 ( )
13. 믿기 ( )
14. (소원을) 빎 ( )
15. 노는 ( )
16. 막음 ( )
17. 찾기 ( )
18. 찬 물 ( )
19. 더럽기가 ( )
20. 입을 ( )

실력다짐

가. 다음 문장에서 전성어미가 있는 곳을 찾아 ○표 하세요.

1. 따끔한 주사 하나면 다 낫는다.
2. 웃으면 복이 온다고 했어요.
3. 고민을 털어놓는 시간이 필요하다.
4. 더운 날씨가 벼락처럼 찾아왔다.
5. 흔들림 없이 공부하고 꾸밈없이 놀자.

6. 혼자 우기기는 절대 안 돼.

7. 곱기가 하늘의 무지개 같구나.

8. 좋은 친구가 있어서 사는 게 즐겁다.

9. 고추장을 살짝 풀면 맛있는 떡볶이가 되지.

10. 오늘은 날씨도 좋음

나. 문장에 명사 전성어미가 있으면 (   )에 1을, 관형사 전성어미가 있으면 2를, 둘 다 있으면 3을 쓰세요.

1. 청소 뒤끝에 잃어버린 물건들이 쏟아져 나왔다.　　　(　　)

2. 가다가 중지하면 아니 감만 못하다.　　　(　　)

3. 시계 가게에는 멈춘 시계가 많기도 많다.　　　(　　)

4. 찬 물 말고 따뜻한 물로 닦아라.　　　(　　)

5. 메마른 감정에 수분을 채워 넣는 게 책읽기다.　　　(　　)

단단 │ 그야 '동사와 형용사'지요. 동사와 형용사는 어미 활용을 하니까요.

해마루 │ 후후훗, 글쎄 아니거든. 가변어 중에서 단단이 하나 빠뜨린 게 있어. 그게 뭘까?

단단 │ 아니, '동사와 형용사'가 가변어 맞잖아요? 동사와 형용사는 문장 속에서 기본형으로만 사용되는 게 아니고 때에 따라 자꾸 다르게 표현되잖아요. '먹다'가 '먹어서' '먹는데' '먹으면' - 이런 식으로 바뀌잖아요. 그러니까 가변어가 맞죠. 다른 품사는 그러지 않으니까 불변어라고 하는 거고요. 아닌가요?

해마루 │ 아유, 말은 다 맞지. 어쨌든 가변어에서 지금 하나 빠진 게 있다니까 그러네. 안 되겠다. 시간이 없어. 영영이 나서야겠구나. 영영아, 이게 뭐지?

해마루 │ 예, 가변어는 '동사와 형용사' 말고도 '조사'를 집어넣어야 하는 게 아닌가요? 왜냐 하면 서술격 조사 '이다'는 특별히 활용을 하여 문장 속에서 형태를 자꾸 바꾸잖아요.

😊 단단 | 이런, 이런. 에궁, 그렇구나. 서술격 조사 '이다'가 있었네. 이것도 가변어가 맞네.

😎 해마루 | 하하하 이제 나올 게 다 나왔구나.

정리를 하면 이렇게 되겠지? - 형태를 기준으로 품사를 나누면 불변어와 가변어가 있다. 동사와 형용사, 그리고 조사(서술격 조사)는 '가변어'이고 이 셋을 제외한 나머지 품사는 몽땅 '불변어'에 속한다. 맞니?

😊 단단 | 넵, 알겠습니다. 그렇지만 나는 서술격 조사 '-이다'가 미워요. ㅠㅠ

😎 해마루 | 하하하, 그 심정을 내가 알지.

자 또 물어볼게. 품사를 나누는 세 번째 기준은 무엇이었지?

😊 단단, 영영 | 예, '기능'입니다. 역할!

😎 해마루 | 그래, '기능'을 기준으로 하여 품사를 나누면 품사가 몇 개가 되지?

😊 영영 | 네, 5가지입니다. - 체언, 용언, 수식언, 독립언, 관계언. 이렇게 5가지입니다.

해마루 | 그러면 9품사를 여기에 각각 집어넣어볼까? 누가 해볼까?

영영 | 호호호 제가 해 볼게요.

　체언 = 명사, 대명사, 수사

　용언 = 동사, 형용사

　수식언 = 관형사, 부사

　독립언 = 감탄사

　관계언 = 조사

단단 | 와우, 영영은 국어천재가 틀림없어요. 암만 봐도 그렇단 말이야. 또 예쁘기까지 하고 성격도 참 좋아요. ㅋㅋ영영은 딱 내 스타일이지 뭐야.

　"영영, 사랑해."

영영 | 뭐야, 뭐야. 공부 시간에 이게 뭐야? 선생님, 얘 좀 보세요.

해마루 | 후후훗, 재미있네, 그래. 둘이 알콩달콩 노는 게 꽤 보기가 좋아요.

영영 | 선생님, 단단이를 단단히 혼 좀 내주세요. 한 번씩 저런다니까요.

단단 | 좋은 걸 좋다는데 내가 무슨 잘못이야? 그럼 좋아하는 걸 싫

어한다 말할까?

해마루 | 하하하 얘들아, 국어천재끼리 왜 그리 다투니? 지구의 미래가 너희 둘의 가슴과 눈빛에 달려 있거든. 서로 도와주고 이끌어주고 해서 살기 좋은 세상을 좋이 만들어가렴.

내가 뒤에서 응원해 주마. 자자 이제 오늘 공부를 마무리하자꾸나.

지금까지 공부한 걸 확인할 겸해서 내일은 쪽지 시험을 치르겠다. 집에 가서 활용 공부를 열심히 해오기 바란다.

내일 치르는 시험명은 "국어천재들의 주물럭 활용 불고기"야. 어때? 이름이 괜찮니?

단단, 영영 | 네, 좋아요. 아주 좋아요.

04 선어말어미 (활용)

선어말 어미 : 동사, 형용사에서 어말어미 앞에 오는 어미
- 어말 어미 앞에 오니까 '먼저 선(先)'을 써서
'선 어말 어미' → '선어말 어미'라고 해요.

| 보기 |

● <u>먹었다</u> = 먹(어간) + 었(선어말어미) + 다(어말어미)

기본형은 '먹다'

● <u>마셨다</u> = 마시(어간) + 었(선어말어미) + 다(어말어미)

기본형은 '마시다'

● <u>오시다</u> = 오(어간) + 시(선어말어미) + 다(어말어미)

기본형은 '오다'

🔍 실력 돋보기

선어말 어미의 3가지
- 시제 선어말어미, 높임 선어말어미, 겸양 선어말어미

① 시제 선어말어미 : 과거(았/었), 현재(는/ㄴ), 미래(겠)

　　| 보기 | 밥을 먹었다. -------- 먹 + 었 + 다

　　　　　　　　　　　　　　　　어간 (과거)선어말어미 어말어미

　　　　　　밥을 먹는다. -------- 먹 + 는 + 다

　　　　　　　　　　　　　　　　어간 (현재)선어말어미 어말어미

　　　　　　밥을 먹겠다. -------- 먹 + 겠 + 다

　　　　　　　　　　　　　　　　어간 (미래)선어말어미 어말어미

② 높임 선어말어미 : 시

　　| 보기 | 어른들은 먼저 가시고 유치원 애들도 따라 갔다.

　　　기본형은 '가다'(동사) : 가(어간) + 시(높임 선어말어미) + 고(연결어미)

③ 겸양(공손) 선어말어미 : 옵, 오, 삽, 사오

　　| 보기 | 결혼식이 있사오니 부디 참석 바랍니다.

　　　기본형은 '있다'(형용사) : 있(어간) + 사오(겸양 선어말어미) + 니(연결어미)

1. 동사, 형용사 = 어간 + (   ) + 어말어미

   (   ) 에 들어갈 수 있는 용어는 ? 답 : 선어말 어미

2. 우리가 보통 '어미'라고 하는 것은 '어말어미'를 줄여서 말하는 거예요.

3. 'ㄴ'은 현재 '선어말어미'도 있고 '관형사 전성어미'도 있어요.

   | 보기 | 자동차가 달린다. -- 달리 　　　　　 + 　　　　 ㄴ 　　　　 + 　　 다

   　　　　　　 어간(기본형: 달리다) + 현재 선어말어미 + 어말어미

   심사에 합격한 창수가 초코파이를 돌렸다. --- 합격하 + ㄴ

   　　　　　　　　　　　 어간(기본형: 합격하다) + 관형사 전성어미

   * 'ㄴ'다음에 어말어미가 오면 'ㄴ'은 선어말어미예요.

   (왜냐 하면 어말어미 앞에 오는 게 선어말어미니까요.)

   따라서 'ㄴ'다음에 어말어미가 없으면 'ㄴ'은 관형사 전성어미겠죠.

기본 연습

아래 표현에 선어말어미가 있으면 ○, 아니면 X표를 하세요.

1. 죽도록　　　　　 (　　　) 　　11. 뛰놀아　　　　　 (　　　)

2. 달아난　　　　　 (　　　) 　　12. 온다　　　　　　 (　　　)

3. 선생님께서 오시고 (　　　) 　　13. 저절로　　　　　 (　　　)

4. 잡아서　　　　　 (　　　) 　　14. 감탄하며　　　　 (　　　)

5. 막았다　　　　　 (　　　) 　　15. 재미있게　　　　 (　　　)

6. 내가 먹겠다　　　 (　　　) 　　16. 남을 사람은 남아라 (　　　)

7. 있사오니　　　　 (　　　) 　　17. 밝은 해　　　　　 (　　　)

8. 흐르고　　　　　 (　　　) 　　18. 끓더니　　　　　 (　　　)

9. 멀어서　　　　　 (　　　) 　　19. 예뻤다　　　　　 (　　　)

10. 가시는 곳이　　 (　　　) 　　20. 감사드리오니　　 (　　　)

실력다짐

가. 다음 문장에서 선어말 어미를 찾아 ○표 하세요.

1. 곧 경축 행사가 있사오니 조용하시기 바랍니다.
2. 어제는 볶음밥을 먹고 오늘은 짜장면을 먹었다.
3. 개울가에 염소들이 풀을 뜯는다.
4. 폭우가 순식간에 쏟아졌다.
5. 자전거를 타고 동네 한 바퀴를 돌았다.

나. 다음 문장에 쓰인 선어말 어미를 찾아 적으세요.

1. 천둥이 먹구름 속에 숨었다. ······························ (　　　　)
2. 아버지께서 새 자동차를 사셨다. ······················ (　　　　)
3. 창수는 아이스크림을 밥 먹듯이 먹는다. ············ (　　　　)
4. 송아지 한 마리가 뛰어다닌다 ·························· (　　　　)
5. 시간은 선생님보다 더 많은 걸 가르친다. ·········· (　　　　)
6. 교문에서 동훈이가 예쁜 꽃을 들고 나타났다 ······ (　　　　)
7. 지금 오는 비는 달콤하기까지 하다 . ················ (　　　　)
8. 나뭇잎이 물 위를 떠돈다. ······························ (　　　　)
9. 어제 읽은 책이 바로 이거야. ························· (　　　　)
10. 눈이 그치고 하늘은 다시 맑음이다. ················ (　　　　)

05 규칙 활용

규칙 활용: 동사, 형용사가 어간에 어미를 바꾸어갈 때 규칙대로 잘 함

| 보기 ① | 먹다' 의 활용 (어간에다가 어미를 다양하게 붙여감/규칙 활용)

<u>먹</u> - 다
어간 어미

- 고 → 먹고

- 지 → 먹지

- 어서 → 먹어서

- 는 → 먹는

- 은 → 먹은

우리가 예상한 대로 어간과 어미가 똑바로 결합되었어요. 이게 '규칙 활용'이에요.

 '-다' 등에서 앞의 '-'는 '붙임표'라고 하는데, 앞에 다른 형태소가 붙는 다는 표시에요.

| 보기 ② | '보다' 의 활용 (어간에다가 어미를 다양하게 붙여감/규칙 활용)

<u>보</u> - 다
어간 어미

- 고 → <u>보고</u>

- 지	→	보지
- 면	→	보면
- 는	→	보는
- 자	→	보자

해마루 톡톡

1. 동사, 형용사의 활용 대부분은 규칙 활용이지요.
2. 불규칙 용언은 손에 꼽을 정도로 그 숫자가 얼마 없어요.
(※ 보기 낱말로 불규칙 활용이 등장할 때마다 확인하는 걸로 충분해요)

기본 연습

아래 용언이 규칙활용이면 ○, 불규칙활용이면 ×표를 하고
기본형을 적으세요.

1. 먹자   (   )   기본형 : (   )

2. 좋은   (   )   기본형 : (   )

3. 놀다   (   )   기본형 : (   )

4. 보면   (   )   기본형 : (   )

5. 흐르고   (   )   기본형 : (   )

6. 자라서   (   )   기본형 : (   )

7. 깊어   (   )   기본형 : (   )

8. 달리는   (   )   기본형 : (   )

9. 예뻐서   (   )   기본형 : (   )

10. 깨뜨려 　　（　　）　　　　　기본형 : （　　　　）

11. 참아라 　　（　　）　　　　　기본형 : （　　　　）

12. 다듬어 　　（　　）　　　　　기본형 : （　　　　）

13. 만들어서 　（　　）　　　　　기본형 : （　　　　）

14. 내려라 　　（　　）　　　　　기본형 : （　　　　）

15. 밟아 　　　（　　）　　　　　기본형 : （　　　　）

16. 모르는 　　（　　）　　　　　기본형 : （　　　　）

17. 알았어 　　（　　）　　　　　기본형 : （　　　　）

18. 벌거벗어 　（　　）　　　　　기본형 : （　　　　）

19. 녹아 　　　（　　）　　　　　기본형 : （　　　　）

20. 그쳐 　　　（　　）　　　　　기본형 : （　　　　）

실력다짐

가. 다음 설명이 맞으면 ○표, 틀리면 ×표를 하세요.

1. 동사, 형용사의 대부분은 불규칙 활용이다. 　　　　（　　）

2. 용언이 활용을 하면 규칙, 활용을 하지 않으면 불규칙이다. （　　）

3. 활용을 하는 낱말은 불변어이다. 　　　　　　　（　　）

4. 조사는 불규칙 활용을 한다. 　　　　　　　　　（　　）

5. 품사 대부분은 활용을 하지 않는다. 　　　　　　（　　）

나. 다음 문장에 쓰인 활용 낱말을 찾아 적으세요.

1. 나 혼자 이리저리 침대에서 뒹굴었다. ·················· (　　　)

2. 예지가 만든 떡볶이가 가장 인기가 많다. ·············· (　　　)

3. 동생은 부모님의 잔소리에도 끄떡없어. ·············· (　　　)

4. 문제를 열심히 풀어도 모르겠니? ················· (　　　)

5. 낮 동안에 달님이 푹 쉽니다. ···················· (　　　)

6. 옥신각신 다투더니 아이스크림 하나에 둘은 웃는다 ····· (　　　)

7. 전에 살던 곳으로 다시 돌아왔다. ··············· (　　　)

8. 바람이 하늘을 깨끗이 비질한다. ··············· (　　　)

9. 칠판에 글씨를 써서 설명할까요? ··············· (　　　)

10. 여름이면 언제나 선풍기가 노래를 부릅니다. ·········· (　　　)

불규칙 활용

✿ 바탕 다지기

불규칙 활용 : 동사, 형용사가 어간에 어미를 바꾸어갈 때 정해진 규칙을 깨뜨림

| 보기 ① | 동사 '흐르다' 활용

'흐르다'의 활용(어간에다가 어미를 다양하게 붙여감)

흐르 – 다 --- 흐르다

　　 – 지 --- 흐르지

　　 – 고 --- 흐르고

　　 – 는 --- 흐르는

　　 – 면 --- 흐르면

　　 – 어 --- 흐르어 → 흘러

 '흐르다'에서 어간 '흐르'에 어미 '어'를 붙이면 '흐르어'가 아니라 '흘러'로 낱말 모양이 바뀌어요. '흐르어' 그대로가 사용이 된다면 규칙 활용일 텐데, 이게 '흘러'로 어간이 형태가 바뀌기 때문에 이것을 '불규칙 활용'이라고 해요.

　어간은 원래 바뀌지 않아야 하는데 어간에서 '흐르'가 '흘ㄹ'로 바뀌었잖아요. 그렇기 때문에 '흐르다'와 같이 어간에서 '-르-'가 바뀌었으므로 이것을 '르 불규칙활용'이라고 합니다.

| 보기 ② | 동사 '오르다'의 활용

       '오르다'의 활용(어간에다가 어미를 다양하게 붙여감)

       오르 – 다 --- 오르다

            – 고 --- 오르고

            – 지 --- 오르지

            – 는 --- 오르는

            – (으)ㄹ --- 오를

            – 면 --- 오르면

            – 아 --- 오르+아 → 올라

⌕ 실력 돋보기

'ㅂ'불규칙 활용

       그립다 = 그립(어간) + 다(어미) -- 품사는 형용사

       그립 – 다 --- 그립다

       그립 – 고 --- 그립고

       그립 – 지 --- 그립지

       그립 – 어 --- 그립어 → 그리워

       그립 – (으)ㄴ ---그립은 → 그리운

  ⇒ 어간(그립-) 뒤에 모음 어미가 오니까 'ㅂ'이 '우'로 바뀌었음

| 보기 | 자르다. ---- 자르 + 다 → 자르고, 자르면, 자르(+아⇒ 자르아⇒ 잘라)

                           '르' 불규칙 동사(기본형은 '자르다')

      용언 중에서 불규칙 활용을 하는 낱말은 몇 개 안 되니까 그냥 외워도 좋아요.
      (가르다, 마르다, 누르다, 자르다……)

기본 연습

아래 용언이 규칙활용이면 ○, 불규칙활용이면 ×표를 하고 기본형을 적으세요.

1. 뛰어라   (   )   기본형 : (   )

2. 맛있는   (   )   기본형 : (   )

3. 웃자   (   )   기본형 : (   )

4. 읽어   (   )   기본형 : (   )

5. 끓어   (   )   기본형 : (   )

6. 배워서   (   )   기본형 : (   )

7. 불러   (   )   기본형 : (   )

8. 돕다   (   )   기본형 : (   )

9. 무거운   (   )   기본형 : (   )

10. 갚다   (   )   기본형 : (   )

11. 낮아서   (   )   기본형 : (   )

12. 더듬어   (   )   기본형 : (   )

13. 얼어   (   )   기본형 : (   )

14. 잠가   (   )   기본형 : (   )

15. 만나면   (   )   기본형 : (   )

16. 살다   (   )   기본형 : (   )

17. 멀어서   (   )   기본형 : (   )

18. 속삭이는   (   )   기본형 : (   )

19. 느껴   (   )   기본형 : (   )

20. 마치고   (   )   기본형 : (   )

실력다짐

가. 다음 문장에서 불규칙 활용을 찾아 ○표 하세요.

1. 비가 와서 우산을 쓰고 갔다.

2. 흐르는 물이라야 안 썩지.

3. 넥타이를 매니 참 멋져요.

4. 한여름은 뜨거워서 못 살겠다.

5. 세 살 버릇이 여든 간다.

나. 다음 문장에 쓰인 활용 낱말을 찾아 ( )에 기본형을 적으세요.

1. 우리 집은 아침마다 전쟁을 벌인다. ················· (   )

2. 감나무에 감이 주렁주렁 매달렸다. ················· (   )

3. 형이 어느새 중학생이 되었다 ······················· (   )

4. 동백 숲이 바람에 일렁인다. ························· (   )

5. 아무래도 내가 한 수 위가 아닐까?················· (   )

6. 나도 좋고 너도 좋고 우리가 다 좋지. ·············· (   )

7. 창수를 검도 체육관에서 처음 만났거든. ··········· (   )

8. 비는 바람을 부르고, 바람은 또 비를 불렀다. ······ (   )

9. 잠이나 푹 잤으면. ································· (   )

10. 하늘은 어제보다 더욱 푸르렀다. ··················· (   )

5

낱말 나무로 집을 지어볼까

-문장의 탄생-

마중물1

🧒 단단 | 선생님, 3번 문제는 국어 챔피언인 제가 풀어볼래요. ㅋㅋㅋ

😎 해마루 | 자신 있어? 그래, 단단이 한번 풀어볼까?

🧒 단단 | "선생님의 따스한 정이 새삼 그립구나."

● 이 문장은 모두 7개의 낱말이 사용되었어요.

1. 선생님 --- 선생(어근) + 님(접미사) --- 파생어

2. 의 ------ 조사 --- 단일어

3. 따스한 --- 형용사(기본형은 '따스하다') --- 단일어

4. 정 ------ 명사 --- 단일어

5. 이 ------ 조사 --- 단일어

6. 새삼 ----- 부사 --- 단일어

7. 그립구나 -- 형용사(기본형은 '그립다') --- 단일어

👧 영영 | 와 정말 대단해요. 선생님, 단단이 정말 똑똑하다는 걸 새삼 느껴요.

😎 해마루 | 정말 대단하구나. 전학 온 지 얼마 되지도 않았는데 우리 국어를 이렇게 잘 하다니 정말 놀라운 일이야. 하늘나라 사람들

은 죄다 천재만 모아 놓았나 보다.

😊 영영 | 선생님, 제가 단단에게 질문해도 되나요?

😎 해마루 | 그래 뭐든지 물어보렴. 너무 꼭 깨물지는 말고. 아프니까 말이야. 하하하.

😊 영영 | 아유, 선생님도 무슨 그런 농담을 다 하시나요? 썰렁해요. 그거 완전 옛날 유머예요.

🙂 단단 | 헤헤헤 나는 재미만 있구먼그래.

　그래 물어보렴. 다만 내가 아는 것만 물어봐. 아니면 나 대답 안 할래. 아니 대답 못 할래. 영영이 나를 얼마나 잘 알고 있는지가 질문을 통해서 판가름 나겠지? 나를 위하고 나를 진정 잘 안다면 내가 아는 것만 물어 보겠지, 아마도.

　영영아, 내가 너를 진짜로 좋아하는 것까지 잘 알고 있겠지? 나는 너를 사랑한단다.ㅋㅋ 자, 이걸 부디 참고해서 지금부터 뭐든지 질문해 봐.

😊 영영 | 아유유, 하여튼 말장난이라니... 지금 그럴 때니? 얘는 시도 때도 없이 짓궂어요.

마지막 단어 '그립구나'에 대해서 질문할 거예요. '그립구나'는 형용사잖아요. 어떤 성질이나 상태를 나타내는 표현이니까 품사가 형용사가 맞겠지요? 그런데 이게 규칙 활용이에요, 불규칙 활용이에요? 단단님, 잘 따져보고 설명해 주세요.

단단 | 참, 사람 애 먹이네. 척 보면 몰라요? 그러니까 이건... 에궁, 시간이 좀 필요하네요. 내가 '어간'과 '어미'를 좀 따져볼 테니 잠시 기다려 주세요. 시간을 못 주겠고 정 답답하면 영영님이 직접 풀어보시든가 하구요.

영영 | 호호호 아니요, 시간을 충분히 드릴 테니 꼭 좀 이 문제를 풀어 주세요. 나는 단단님을 믿어요. 또 해마루 사부님과 함께 하는 이 시간을 나는 사랑해요. 그리고 이 책 〈똑똑이 국어문법〉을 나는 진짜 진짜 사랑하거든요.

단단 | 알겠어요. 알겠다구요. 잠시 기다려 보세요.
　'그립구나'의 기본형은 '그립다'예요. 지금부터 제가 '그립다'를 가지고 용언 활용을 한번 해 보겠어요. 잘 보세요. 영광도 이런 영광이 없어요. 아무한테도 보여주지 않던 나의 화려한 국어 실력이 폭포수처럼 쏟아져 나온답니다. 얄리얄리 얄라성 얍!

그립다 = 그립(어간) + 다(어미) --- 품사는 형용사, 단일어
　　　그립 - 다 ------ 그립다
　　　그립 - 고 ------ 그립고
　　　그립 - 지 ------ 그립지
　　　그립 - 어 ------ 그립어 → 그리워

그립 – (으)ㄴ ------ 그립은 → 그리운

😊 영영 | 이야, 굉장한데요. 환상적이에요.

🙂 단단 | 자 보세요. 이제 정답이 눈에 보이지요? 생각한 대로예요. '그립다'는 'ㅂ불규칙 활용'입니다. 어간 다음에 모음 어미가 붙으면 어간 '그립'에서 'ㅂ'이 '우'로 바뀌거든요. 활용의 이름은 어간을 기준으로 하니까 이것의 이름은 'ㅂ불규칙 활용'입니다. ㅎㅎ박수 ~~

01 문장과 어절

문장 : 생각이나 느낌을 표현한 글의 최소 단위

|보기①| 1. 내 이름은 이우현입니다.

2. 에게, 이게 숙제를 한 거니?

3. 밥을 잘 먹어야 건강하지.

4. 반가움에 눈물이 왈칵 쏟아졌다.

5. 한글은 우리나라의 자랑이다.

어절 : 문장을 이루는 가장 기본 단위

- 문장에서 띄어쓰기와 정확히 일치

- 문장성분을 나누는 기준이 됨

|보기②| 1. 내 /이름은 /이우현입니다. ---------- 3어절의 문장

2. 에게,/ 이게/ 숙제를 /한/ 거니? ------ 5어절의 문장

3. 밥을/ 잘/먹어야/ 건강하지. --------- 4어절의 문장

4. 반가움에/ 눈물이/ 왈칵/ 쏟아졌다. --- 4어절의 문장

5. 한글은/ 우리나라의/ 자랑이다. ------ 3어절의 문장

🔍 실력 돋보기

단어(낱말) → 어절 → <u>구</u> → 절 → 문장

(구절)

- '구'는 2개 이상의 어절이 모인 것을 '구'라고 해요.

'절'은 2개 이상의 어절이 주어와 서술어 관계를 가져 '문장'과

같게 보이나, 그것을 독립된 문장으로 사용하지 않을 때, '절'

이라고 해요.

| 보기 | 1. 예쁜 꽃이 활짝 피었다. (구 = 어절+ 어절)

구(=2어절) 구(=2어절)

2. <u>나는</u> <u>남북이 통일되기를</u> <u>바란다.</u> ('절'은 하나의 문장성분이 됨)

　　주어　　　명사절(목적어)　　서술어

기본 연습 📋

가. 다음 문장은 몇 개의 어절로 이루어졌나요? ( )에 어절 개수를 쓰세요.

1. 둘은 마주치면 늘 다툰다. 　　　　　　　　　　(　　　)

2. 멀찌감치 떨어져서 걸었다. 　　　　　　　　　　(　　　)

3. 나는 궁금해서 얼른 밖으로 나갔다. 　　　　　(　　　)

4. 흔들리는 마음을 잘 붙들어라. 　　　　　　　　(　　　)

5. 바닷가 모래들이 나에게 눈짓을 보낸다. 　　　(　　　)

6. 화폐는 그 나라의 얼굴이다. 　　　　　　　　　(　　　)

7. 저녁부터 숙제 때문에 정신이 없어요. ( )

8. 어젯밤에 동주랑 다투었니? ( )

9. 흐린 하늘을 보니 기분이 더욱 우울해졌다. ( )

10. 다행히 그와 나는 다른 학교에 가게 되었다. ( )

나. 다음 문장의 문장성분 개수는?

1. 물새들은 알록달록한 알을 낳는다. ( )

2. 파도는 오늘도 바쁘다. ( )

3. 창수야, 너는 숙제가 뭐니? ( )

4. 강아지가 아장아장 아줌마를 뒤따른다. ( )

5. 어둠은 마침내 아침을 낳는다. ( )

6. 역사는 멀리 있어도 별처럼 반짝인다. ( )

7. 재주가 많은 예지가 정말 부러울 뿐이다. ( )

8. 한참 가다가 안 보일 때쯤 멈췄다. ( )

9. 소리도 없이 봄비가 촉촉이 내린다. ( )

10. 텅 빈 운동장에는 낙엽들만 쓸쓸했다. ( )

실력다짐

가. 다음 문장에서 절을 찾아 ○표 하세요.

1. 봄이 오면 누구나 단비를 기다린다.

2. 예지는 창수가 개구쟁이라는 걸 단박에 알았다.

3. 코끼리는 코가 길지요.

4. 겨울비가 소리도 없이 내립니다.

5. 나는 우리 모두가 행복하기를 꿈꾼다.

나. 다음 문장을 띄어쓰기할 때 나타나는 어절 개수를 ( )에 적으세요.

1. 구름위를달린다. ···································· ( )
2. 아무래도내가이기지않을까? ·············· ( )
3. 흰눈이온산을덮었다. ·························· ( )
4. 갑자기안개가눈을온통가렸다. ·············· ( )
5. 학교앞문방구에갔다. ·························· ( )
6. 내가가장먼저교실문을열었다. ·············· ( )
7. 책상서랍안에잘두어라. ······················ ( )
8. 하늘이정말파랗구나. ·························· ( )
9. 잠을잘자는것도큰복이다. ···················· ( )
10. 매미는수컷이소리를냅니다. ················ ( )

02 문장성분

🌱 바탕 다지기

문장성분 : 문장을 구성하는 요소

 - 어절의 기능을 나타냄

 - 하나의 어절이 하나의 문장성분임

|보기| 1. 나는 / 김창수입니다.   → 문장성분이 2개인 문장

      2. 에게, /이게 /숙제 /다/ 한/ 거니?   → 문장성분이 6개인 문장

      3. 밥을/ 잘 /먹어야/ 건강하지.   → 문장성분이 4개인 문장

      4. 반가움에/ 눈물이/ 왈칵/ 쏟아졌다.   → 문장성분이 4개인 문장

      5. 한글은/ 우리의/ 자랑이다.   → 문장성분이 3개인 문장

🔍 실력 돋보기

문장성분 : 주성분, 부속성분, 독립성분

1. 주성분 : 문장을 이루는 필수 성분

       = 주어, 서술어, 목적어, 보어

    ① 주어 : 문장의 주인공 역할을 하는 성분

      |보기| 장미꽃이 예쁘다.

② 서술어 : 문장에서 풀이하고 서술하는 성분

　　|보기| 장미꽃이 <u>예쁘다</u>.

③ 목적어 : 서술어의 동작 대상이 되는 성분

　　|보기| 예지가 <u>줄넘기를</u> 한다.

④ 보어 : 서술어 '되다', '아니다'를 앞에서 보충하는 성분

　　|보기| 창수가 내년에 <u>중학생이</u> 된다.

　　|보기| 영수 학원은 <u>학교가</u> 아니다.

2. 부속성분 : 주성분을 꾸며주는 성분

　　　　　 = 관형어, 부사어

① 관형어 : 문장에서 체언을 꾸며주는 성분

　　|보기| <u>새</u> 자동차가 멋지다.

② 부사어 : 문장에서 주로 서술어를 꾸며주는 성분

　　|보기| 예지는 국어 시간을 <u>정말</u> 좋아해.

　　　　　 시간이 <u>느리게</u> 흘러간다.

　　　　　 우리는 <u>함께</u> 웃었다.

3. 독립성분 : 문장과 따로 독립한 성분

　　　　　 = 독립어

① 독립어 : 전체 문장과 독립된 성분

　　|보기| <u>와우</u>, 정말 멋진데.

　　　　　 <u>창수야</u>, 우리 영화 보러 갈까.

기본 연습

밑줄 친 부분의 문장성분을 적으세요.

1. 꽃이 참 예쁘다. ·· (   )
2. 물고기는 부레로 소리를 낸다. ················· (   )
3. 얼른 밖으로 나갔다. ······························· (   )
4. 창수가 낮잠을 잤어요. ··························· (   )
5. 예쁜 잠자리가 하늘을 수놓았어요. ··········· (   )
6. 무심코 도시락을 열었습니다. ················ (   )
7. 찔레꽃이 하얗게 피었는데요. ················ (   )
8. 기와집이 쉼터가 되었어요. ····················· (   )
9. 돈은 동전이 있고 지폐가 있어요. ············· (   )
10. 독도는 우리나라 땅이다. ······················ (   )
11. 왼쪽 수박이 더 맛있다. ······················· (   )
12. 갑자기 숙제가 생각났어요. ··················· (   )
13. 오늘은 참외를 먹어 볼까? ····················· (   )
14. 햇볕이 무척 따가워졌다. ······················ (   )
15. 그림자가 내 뒤를 졸졸 따라오네. ··········· (   )
16. 조그만 상자를 내놓는다. ····················· (   )
17. 말소리가 향기가 되었다. ······················ (   )
18. 문제가 어려울까, 쉬울까? ····················· (   )
19. 소나기가 아스팔트를 때린다. ················ (   )
20. 교실은 텅 비어 있었다. ······················· (   )

실력다짐

다음 문장에서 주성분(필수성분)이 아닌 것을 찾아 ○표하세요.

1. 꽃이 참 예쁘다.

2. 물고기는 부레로 소리를 낸다.

3. 얼른 밖으로 나갔다.

4. 창수가 낮잠을 잤어요.

5. 예쁜 잠자리가 하늘을 수놓았어요.

6. 무심코 도시락을 열었습니다.

7. 찔레꽃이 하얗게 피었는데요.

8. 기와집이 쉼터가 되었어요.

9. 돈은 동전이 있고 지폐가 있어요.

10. 독도는 우리나라 땅이다.

11. 왼쪽 수박이 더 맛있다.

12. 학교는 지식의 훈련소가 아니다.

13. 오늘은 참외를 먹어 볼까?

14. 햇볕이 무척 따가워졌다.

15. 그림자가 내 뒤를 졸졸 따라오네.

16. 조그만 상자를 내놓는다.

17. 말소리가 향기가 되었어요.

18. 문제가 어려울까, 쉬울까?

19. 소나기가 아스팔트를 때린다.

20. 교실은 텅 비어 있었다.

03 주어부, 서술부

🌱 바탕 다지기

- 모든 문장은 주어부와 서술부로 나누어져요.
- 주어가 있는 곳까지가 주어부, 서술어가 있는 곳이 서술부
※ 주어부를 찾아서 주어 다음에 빗금을 치면, 나머지는 저절로 서술부가 됨

|보기| 1. <u>나는</u> // <u>김예지입니다.</u>
        주어부   서술부

2. <u>에게, 이게</u> // <u>숙제 다 한 거니?</u>
       주어부   서술부

3. <u>사람은</u> // <u>밥을 잘 먹어야 건강하지.</u>
       주어부   서술부

4. <u>반가움에 눈물이</u> // <u>왈칵 쏟아졌다.</u>
       주어부   서술부

5. <u>한글은</u> // <u>우리나라의 자랑이다.</u>
       주어부   서술부

🔍 실력 돋보기

문장을 주어부와 서술부로 나누면, 문장 전체가 한 눈에 쏙 들어와요.

| 보기 | 아래 문장을 주어부와 서술부로 나누어 볼까요?

- 봄바람이 // 살랑살랑 분다.
- 이번 여름은 // 정말 덥구나.
- 나는 // 이 책을 벌써 세 번이나 읽었다.

기본 연습

가. 다음 문장에서 서술부를 찾아 밑줄을 치세요.

1. 봄바람이 겨울바람과 싸웁니다.

2. 바닷물이 거칠게 밀려왔다.

3. 언제쯤 새 희망이 나를 찾아올까?

4. 사람들의 크고 작은 말소리가 바람결에 흩어진다.

5. 지금부터 내가 낮잠을 잘 거야.

6. 강아지풀이 바람에 춤을 춥니다.

7. 부글부글 물이 끓기 시작했다.

8. 로봇은 여러 종류가 있다.

9. 높이 나는 갈매기가 멀리 본다.

10. 쇠똥구리가 헐레벌떡 달아난다.

11. 계곡물이 참 맑고 깨끗하구나.

12. 비가 순식간에 그쳤다.

13. 그 밤에 소쩍새가 슬피 울었다.

14. 효도는 실천이 중요해요.

15. 우리나라 국보 1호는 숭례문이다.

16. 어린이 합창단이 노래를 정말 잘하네.

17. 나는 책 읽는 것을 정말 좋아한다.

18. 좋은 친구는 좋은 선생님과 같지요.

19. 구수한 된장찌개 냄새가 코를 찌릅니다.

20. 이따가 공부 간식은 바나나가 어때?

실력다짐

가. 다음 문장에서 주어를 찾아 ○표 하세요.

1. 나는 애완동물을 사랑한다.

2. 햇볕을 따라가며 해바라기가 웃는다.

3. 밀린 숙제 때문에 나는 머리가 지끈지끈 아파왔다.

4. 푸른 하늘이 손짓을 하는구나.

5. 너는 토요일에 뭐 하니?

나. 다음 문장에서 서술부가 시작되는 첫 어절을 쓰세요.

1. 첫눈이 도둑고양이처럼 내렸다.　　　　(　　　　　)

2. 나는 조금씩 책을 읽어 나갔다.　　　　(　　　　　)

3. 어둠 속에서 가로등이 빛난다.　　　　(　　　　　　)
4. 창의적인 생각이 샘물처럼 솟아오른다.　　(　　　　　　)
5. 어쨌든 그 아이는 한 번도 돌아보지 않았다.　(　　　　　)
6. 눈보라가 세상이 끝날 것처럼 사납게 몰아친다.(　　　　)
7. 달콤한 시간이 달콤한 추억을 새긴다.　　(　　　　　　)
8. 붉은 꽃잎이 소리도 없이 떨어져요.　　　(　　　　　　)
9. 온 세상이 하얀 눈에 폭 덮여 있다.　　　(　　　　　　)
10. 먹구름이 지나가며 비를 뿌립니다.　　　(　　　　　　)

마중물2

단단 | 그래요, 선생님. 문제 출제를 부탁드립니다. 헤헤헤 제가 다 풀어버리겠어요.

해마루 | 그럴까? 문제를 한번 풀어볼래? 하긴 그래 문제라는 게 뭐냐 하면 말이지, 시험 문제라는 게 찬바람 부는 현실을 상징하거든. 아무리 지식이나 이론에 밝으면 뭘 해? 현실에 부닥쳐 그걸 제대로 해결하지 못하면 지식과 이론이 말짱 도루묵이 되는 게 아니겠어?

어떤 과목이든지 문제를 자꾸 풀어본다는 것은 여러 다양한 현실과 거푸 맞닥뜨려 본다는 거지. 그렇기 때문에 무엇을 정확히 알고 익히는데 문제 풀이는 아주 중요하고 소중한 작업이 돼.

단단 | 헤헤헤 알겠습니다, 선생님. 저는 현실을 좀 더 많이 맛보고 싶어요.

씩씩하게 부딪혀 보고 싶거든요. 제발 문제를 듬뿍 내 주세요.

해마루 | 후후훗, 그래! 후회는 없으렷다. 내가 문제를 잔뜩 내주지.

* 다음 문장에서 각각의 낱말을 '단일어, 합성어, 파생어'로 나누어라.

1. 풋사랑일까, 철수는 가슴이 자꾸 설렜다.
2. 소년은 돌다리를 건너 냉큼 자전거에 올라탔다.
3. 선생님의 따스한 정이 새삼 그립구나.

영영 │ 낱말 하나하나를 다 나누어야 하나요? '조사'까지도 해야 하나요?

해마루 │ 그럼 그럼. '조사'까지 해서 문장의 모든 낱말을 다 해보 렴. 그래야 모든 게 확실해지지 않겠니?

단단 │ '조사'도 하나의 낱말이에요? 에궁, 나는 몰랐는데.

영영 │ '조사'도 낱말이 맞거든. 그러니까 9품사에 들어가잖아. 앞 에서 우리가 공부한 9품사는 전부 낱말들이야. 9품사는 낱말의 종류를 '의미'를 기준으로 해서 9개로 나누어 보았다는 뜻이지. 그러니까 명사, 대명사, 수사, 관형사, 부사, 동사, 형용사, 감탄 사, 조사 등 9개의 품사가 하나하나 다들 낱말들이고 단어들이 야.

해마루 │ 그래 영영의 말이 맞아. '조사'가 독립성은 없지만 나름대 로 독특한 의미를 가지고 있어서 국어학자들이 이것을 하나의 낱 말로 인정해 준 거야.

🙂 단단 | 네, 알겠습니다. 한번 해 보죠 뭐. 그런데 '조사'는 무조건 '단일어'이겠네요.

🙂 영영 | 그렇지. 따져보고 나서 '합성어'도 아니고 '파생어'도 아니고, 그러면 무조건 '단일어'라고 보면 안 될까? 그렇기 때문에 아마도 낱말 중에는 '단일어'가 세상에서 제일 많겠지?

🙂 해마루 | 그래, 이제 그만 문제를 풀어보기 바란다. 시험 문제를 우리가 푼다는 것은 차가운 현실 속으로 들어가 본다는 것과 같은 뜻이야. 공부라는 게 그래. 우리가 무조건 읽고 줄긋고 외우고 문제 풀고, 이렇게만 하는 게 아니야. 현실과 만나기도 하는 거라고. 이걸 잊어서는 안 돼. 잘 하는 공부란 말이야, 훌륭한 공부는 말이지, 공부를 하면 할수록 현실과 가까워지는 거야. 공부가 현실을 더욱 자세히 알도록 하는 거지. 진정 훌륭한 공부란 이런 것이 아닐까 하고 나는 늘 생각하거든.

🙂 단단 | 아, 알겠다니까요. 문제를 열심히 풀어보겠습니다. 시간이나 듬뿍 주세요. 어떤 때는 시간이 선생님보다 더 소중해요. ㅋㅋㅋ

🙂 해마루 | 하하하 시간이 쌓이면 세월이 되고 세월이 쌓이면 연륜이 되고 연륜이 쌓이면 역사가 되는 거지. 그래 연륜이 있고 역사가 깊으면 아무래도 지식과 지혜가 풍부해지는 거야. 옛날에 우리가 어른들을 존경하고 받든 이유가 바로 이런 것이었지. 단단 얘기

가 맞거든.

"시간은 언제든 선생님이지."

🧑 단단 | 그러면 선생님하고 함께 한 시간들은 '선생님 + 선생님'이 되겠네요.

헤헤헤 그러면 우리들은 엄청나게 훌륭한 하늘의 선물을 받은 거네요.

🧑 해마루 | 하하하 쓸데없는 얘기는 이제 그만두고 문제를 풀어볼까? 시간이 다 되었구나.

자, 이제 그만. 1번 문제는 누가 풀어볼까? 단단이 한번 해볼거나?

🧑 단단 | 넵, 제가 1번 문제를 풀어보겠습니다.

"풋사랑일까, 철수는 가슴이 자꾸 설렜다."

이 문장에 나오는 낱말은 모두 8개입니다.

　　1. 풋사랑 -- 풋(접두사) + 사랑(어근) --- 파생어

　　2. 일까 --- 이(서술격 조사 '이다'의 어간) + ㄹ까(의문 종결 어미) --- 단일어

　　3. 철수 --- 고유 명사 --- 단일어

　　4. 는 ---- 조사 --- 단일어

　　5. 가슴 --- 보통 명사 --- 단일어

　　6. 이 ----- 조사 --- 단일어

　　7.자꾸 --- 부사 --- 단일어

　　8. 설렜다 -- 형용사(기본형은 '설레다') --- 단일어

영영 | 와우, 단단이 다 맞힌 것 아니에요? 내가 한 것과 똑같은데요.

해마루 | 그래, 정말 대단하구나. 100% 정답이야. 박수~~

영영 | 선생님, 2번 문제는 제가 풀어볼게요.

해마루 | 그래, 그렇게 하렴.

영영 | 네, 알겠습니다.

"소년은 돌다리를 건너 냉큼 자전거에 올라탔다."

이 문장의 낱말은 모두 9개입니다.

1. 소년 --- 명사 --- 단일어

2. 은 ----- 조사 --- 단일어

3. 돌다리 -- 돌(어근) + 다리(어근) --- 합성어

4. 를 ----- 조사 --- 단일어

5. 건너 --- 동사(기본형은 '건너다') --- 단일어

6. 냉큼 --- 부사 --- 단일어

7. 자전거 -- 명사 --- 단일어

8. 에 ----- 조사 --- 단일어

9. 올라탔다 --- 동사(올라 + 탔다) --- 기본형 (오르다 + 타다) --- 합성어

단단 | 이야, 대단한데요. '올라탔다'가 공부할 게 많은데요.

'오르다'와 '타다'가 어떻게 해서 이런 형태가 되었지요?

영영 | '올라탔다'는 내가 설명해 볼게요.

　'올라탔다'는 '합성어'로서 품사는 '동사'야. '오르다'라는 동사와 '타다'라는 동사가 합쳐져서 된 거지. 이걸 정확하게 분석하면 다음과 같아.

　"올라탔다 = 올라 + 탔다"

　여기서 문제는 '올라'야. '탔다'는 기본형 '타다'에 과거 선어말어미 '았'이 붙은 거잖아. '타 + 았 + 다 = 탔다' 그렇지?

　'올라'는 어떻게 된 거지? '올라'의 기본형은 뭐지? 그래, '오르다'잖아. '어간'을 찾아서 거기에 어말어미 '다'자를 붙이면 그게 바로 기본형이 되는 거잖아. 가장 기본이 되는 형태, 그게 기본형이니까 말이야.

단단 | 아유, 됐어. 그만! 기본형은 내가 더 잘 알거든. 됐고.

영영 | 미안해. 내가 잘 하려다가 흥분해서 그래. 단단아, 미안해. 나를 이해할 수 있지?

　'올라'의 기본형은 '오르다'. 그러니까 '올라'는 어간 '오르-'에서 '오'만 남았네. '르'는 어디 간 거야? 이거 우리가 앞에서 배운 적 있지? 단단아, 생각나니? '르 불규칙 용언'이라고 말이야. 동사 '오르다'의 여러 활용 표현을 우리가 직접 한번 해볼까?

|보기| '오르다'의 여러 활용 형태

오르다 = 오르(어간) + 다(어말 어미)

오르 – 다 --- 오르다
    – 고 --- 오르고
    – 지 --- 오르지
    – 는 --- 오르는
    – (으)ㄹ --- 오를
    – 면 --- 오르면
    – 아 --- 오르+아 → 올라

자, 여기서 보면 어간 '오르' 다음에 모음 연결어미 '아'가 오면 '오르아'가 아니라 '올라'로 형태가 바뀌게 돼. 어간에서 '르'가 불규칙적으로 변했다고 해서 이것을 '르 불규칙 용언'이라고 하는 거야. 단단아, 우리가 앞에서 이것 공부한 게 기억나지?

🙂 단단 | 그럼, 내가 누구야? 기억하고말고.

😀 해마루 | 하하하하하.
북 치고 장구 치고, 너희 둘이서 '불규칙 활용'까지 다 해먹는구나. 좋아, 아주 좋아.　내 가슴이 아주 시원하고 든든하다. 국어 천재가 따로 있나? 내가 볼 때는 너희 둘이가 영락없이 국어 천재로구나, 국어 똑똑이 말이야!

04 낱말 나무, 문장 집

- 문장은 문장성분이 모여서 만들어지기 때문에 하나의 문장을 여러 개의 낱말이나 문장성분으로 쪼갤 수 있어요.

| 보기 | 1. 나는// 김나래입니다.
      주어   서술어

2. 창수야, 운동이 // 바로 보약이야.
    독립어   주어   부사어 서술어

3. 사람은 // 밥을 잘 먹어야지.
    주어   목적어 부사어 서술어

4. 반가움에 눈물이 // 왈칵 쏟아졌다.
     부사어   주어   부사어 서술어

5. 한글은 // 우리나라의 자랑이다.
     주어   관형어   서술어

6. 많은 아이들이 // 도서관에서 동화책을 읽고 있다.
    관형어   주어   부사어   목적어   서술어

7. 예지는 // 그림을 잘 그린다.
    주어   목적어 부사어 서술어

8. 알록달록한 단풍잎이 // 산을 물들였다.
    관형어   주어   목적어 서술어

※ // 는 주어부와 서술부의 나눔입니다. (주어가 있는 곳까지가 주어부, 그 반대쪽이 서술부)

'읽고 있다'는 2개의 용언이 나란히 있어요.

이것은 2개의 어절(읽고/있다)이지만 문장성분은 하나(서술어)로 취급해요.

2개의 용언이 나란히 있을 때 앞엣것은 본용언, 뒤엣것은 보조용언이라고 해요. 이 둘은 합쳐서 하나의 문장성분, 즉 서술어가 됩니다.

읽고 있다. ------------------------ 읽고 + 있다
본용언 보조용언   기본형은 '읽다'(동사) '고'는 보조 연결어미 형용사

기본 연습

밑줄 친 곳의 문장성분을 쓰세요.

1. 시간이 참 빠르구나.   (   )

2. 고양이 세 마리가 장난을 치네.   (   )

3. 창수야, 이제 집에 가야지?   (   )

4. 과연 국어 점수가 몇 점 나올까?   (   )

5. 너무 밝아서 잠시 눈을 감았다.   (   )

6. 키와 몸무게가 쑥쑥 늘어나는 게 보여요.   (   )

7. 엄마의 취미는 에어로빅 춤추기이다.   (   )

8. 붉은 태양이 고개를 살며시 내밀었다.   (   )

9. 지저귀는 새들 때문에 잠에서 깨어났지.   (   )

10. 잔디밭에 들어가지 마세요. ( )

11. 여보세요, 거기 성재 없어요? ( )

12. 추석에는 가족들이 모여서 송편을 빚어요. ( )

13. 새 옷을 입고 임금님이 행진을 했어요. ( )

15. 하늘에서 하얀 눈이 펑펑 쏟아집니다. ( )

16. 아이쿠, 시간이 벌써 늦어버렸네. ( )

17. 데굴데굴 도토리가 언덕 아래로 굴러갑니다. ( )

18. 아침에는 차 지붕에 눈이 잔뜩 쌓여 있겠지? ( )

19. 내 동생은 아무도 못 말린다. ( )

20. 그리고 우리는 함께 웃음을 터뜨렸다. ( )

실력다짐

가. 다음 문장에서 보어를 찾아 ○표 하세요.

1. 물이 얼음이 되었다.

2. 그 아이는 천재가 아니거든.

3. 창수가 어느 새 중학생이 되었군.

4. 얼음이 녹으면 다시 물이 되지.

5. 먹구름은 흐르다가 빗물이 된다.

나. 다음 문장에 쓰인 낱말(단어)의 개수를 적으세요.

1. 나는 어제 저녁에 친구와 놀았다. ( )개

2. 사탕은 달콤하고 비스킷은 고소해. ( )개

3. 선물이 이 정도라면 정말 기쁘지.　　　　（　　　）개

4. 시계를 보니 분침이 멈춰 있었다.　　　　（　　　）개

5. 한참을 기다려도 소녀는 나타나지 않았어.　（　　　）개

6. 도깨비 방망이가 요즘도 있으면 얼마나 좋을까? （　　　）개

7. 우리 반 아이들이 모두 웃음을 터뜨렸어요.　（　　　）개

8. 뿌리가 깊은 나무가 되자.　　　　　　　（　　　）개

9. 하늘의 별이 두 눈 가득히 쏟아지네.　　　（　　　）개

10. 소년은 징검다리를 냉큼 건넜다.　　　　（　　　）개

05 홑문장과 겹문장

🌱 바탕 다지기

문장성분(주어+서술어)으로 살펴본 문장의 종류

- 홑문장과 겹문장

1. 홑문장 : 주어와 서술어가 1개씩 있는 문장

|보기| 1. <u>꽃이</u> <u>핀다.</u> (주어 1개, 서술어 1개인 문장)
　　　　주어　서술어

2. <u>새가</u> <u>운다.</u> (주어 1개, 서술어 1개인 문장)
　　주어　서술어

2. 겹문장 : 주어와 서술어의 짝이 2개 이상 있는 문장

|보기| 1. <u>꽃이</u> <u>피고</u> <u>새가</u> <u>난다</u> (주어와 서술어의 짝이 2개임)
　　　　주어　서술어　주어　서술어

2. 이번 올림픽에서 <u>일본은</u> <u>울고</u> <u>한국은</u> <u>웃었다.</u> (주어와 서술어의 짝이 2개임)
　　　　　　주어　서술어　주어　서술어

※ 겹문장은 이어진 문장과 안은문장 2가지가 있어요.

1) 이어진 문장 : 홑문장이 2개 이상 이어진 문장 (연결어미 사용)

| 보기 | 창수는 빵을 먹고 // 지혜는 아이스크림을 먹었다.

　　　　　홑문장 1　　　　　　　　　　홑문장 2

창수는 빵을 먹고 // 지혜는 아이스크림을 먹었다.

　　기본형은 '먹다'(동사)　　　　기본형은 '먹다'(동사)

　　　'-고'는 연결어미　　　　　　'-다'는 종결어미

2) 안은문장 : 절(안긴문장)이 들어 있는 문장

　　　　　　　　　절(안긴문장)

| 보기① | 코끼리는 // 코가 길다

　　　　　주어　　　　서술어

　　　　　　　　　절(안긴문장)

| 보기② | 봄비가 // 소리도 없이 내린다.

　　　　　주어　　　　부사어　　　서술어

해마루 톡톡

1. 문장의 구성을 살펴볼 때 가장 중요한 것은 먼저 주어부와 서술부를 가르는 것이에요.
2. 안긴문장(절)은 그 자체가 하나의 문장성분입니다. 더 이상 문장성분을 따지지 않아요. 왜냐 하면 안긴문장의 성분을 자세히 분석하면 문장성분끼리 충돌이 일어나서 복잡하고 혼란스러워지기 때문이지요.

| 보기 |

(주어부) ---- (서술부) ----

나는 // 매호중학교에 다닌다.

주어　　　부사어　　　서술어

(주어부) --- (서술부) ---

꽃이 // 예쁘게 피었다.
주어   부사어   서술어

(주어부) ---------- (서술부) ----------

나는 // 다은이에게 예쁜 머리핀을 사 주었다.
주어   부사어   관형어 목적어   서술어

(주어부) -- (서술부) -- (주어부) (서술부)

바람이 심하게 불고 비가 내린다. --- 이어진 문장
주어   부사어 서술어 주어 서술어

(주어부) -------- (서술부) --------

나는 // 우리나라가 통일되기를 바란다. --- 안은문장
주어   목적어 (절=안긴문장)   서술어

(주어부) -- (서술부) = 절(안긴문장) --

토끼는 // 앞다리가 짧다. --- 안은문장
주어   서술어

(주어부) ----- (서술부) -----

사랑은 // 가슴에 피는 꽃이다. ---- 안은문장
주어   관형어(절=안긴문장) 서술어

기본 연습

다음 문장이 홑문장이면 ○, 아니면 X 표를 하세요.

1. 구름이 흐른다.   (   )

2. 바람이 자꾸 분다.   (   )

3. 봄이 오면 다시 꽃이 피겠지.   (   )

4. 꿈나무가 무럭무럭 자란다.   (   )

5. 손오공 이야기가 참 신기해.   (   )

6. 비가 많이 와서 다리가 끊어졌어요. (   )

7. 배가 아프면 병원에 빨리 가야지. (   )

8. 나는 그녀가 예쁨을 뒤늦게 알았다. (   )

9. 마당에 꽃이 무척 많구나.   (   )

10. 내가 지금 읽는 책은 세계 명작이야. (   )

11. 소나기가 한바탕 쏟아진다.   (   )

12. 눈이 오면서 날씨가 추워진다.   (   )

13. 창수는 지금 집에서 저녁을 먹고 있다. (   )

14. 공연히 가슴이 설렜지.   (   )

15. 나는 할머니께 선물을 드렸습니다. (   )

16. 다람쥐가 숲속으로 재빨리 달아나요. (   )

17. 겨울이 되자 고드름이 열렸다. (   )

18. 소나무가 참 멋있구나.   (   )

19. 호랑이는 살아서 추억을 남긴다. (   )

20. 눈송이가 펄펄 바람에 흩날린다. (   )

가. 다음 문장에서 보조용언을 찾아 ○표 하세요.

1. 시간을 어영부영 보내지 말자.

2. 오늘 저녁만큼은 잘 먹고 싶구나.

3. 집 뒤에는 대숲이 자리 잡고 있어요.

4. 할머니는 여전히 고향 집에 살고 있습니다.

5. 발명거리를 골똘히 생각해 보아라.

나. 다음 문장의 문장성분을 살펴보고, 부속성분의 개수를 (   ) 에 적으세요.

1. 진달래가 활짝 피었다. (   )개

2. 한참을 찾아도 답이 잘 보이지 않았다. (   )개

3. 나는 하늘을 훨훨 날고 싶었던 거야. (   )개

4. 고추잠자리가 하늘을 어지럽게 수놓았다. (   )개

5. 서산으로 해가 완전히 넘어갔다. (   )개

6. 아이쿠, 하마터면 넘어질 뻔했구나. (   )개

7. 교통질서를 지키는 게 가장 중요해. (   )개

8. 나무가 많아서 공기가 맑구나. (   )개

9. 바닷가에 우리 해돋이 보러갈까? (   )개

10. 베란다에서 채소를 직접 키워 보자. (   )개

6
말소리의 규칙이 울퉁불퉁

-음운과 음절-

마중물1

단단 | 선생님, 이 문제는 제가 풀어 볼래요. 제가 지금 막 불붙었거든요. 국어 공부에 불이 활활 붙었어요. 제가 지금 국어 문법의 달인이 될락 말락 하는 것 같아요.

하늘을 나는 새처럼 훨훨 날았으면...

> 하늘 --- 명사
>
> 을 ---- 조사(목적격 조사)
>
> 나 ---- 대명사
>
> 는 ---- 조사(보조사)
>
> 새 ---- 명사
>
> 처럼 --- 조사(보조사)
>
> 훨훨 --- 부사
>
> 날았으면 --- 동사 --- 기본형은 '날다'

해마루 | 아유, 고생했어. 그런데 어쩌지? 틀린 게 하나 있네. 뭐가 틀렸을까? 다시 한 번 살펴 봐.

단단 | 어라, 다 맞는데... 틀린 게 없는데요. 영영아, 내가 뭐가 틀렸지?

🧑 영영 │ '나는'이 틀린 것 같은데. 여기 '나는'은 '내가'라는 뜻이 아니고 '날다'의 뜻이잖아. 그러니까 '나는'은 '대명사+조사'가 아니고, 동사 '날다'의 활용형이 아니겠니?

'나는'의 기본형은 '날다'이고 따라서 '나는'의 품사는 '동사'인 거지.

🧑 단단 │ 아이쿵, 그러고 보니 정말 그러네. '나는'은 품사가 동사가 틀림없어. 영영, 고마워. 이제 또 내가 새로 눈을 떴어. 그러면 너는 심청이고 나는 심 봉사야. 심청아, 정말 고마워.

🧑 해마루 │ 하하하 그래, 둘이가 속닥속닥 다정도 해라. 보기 좋아. 영영의 설명이 맞거든.

'나는'은 품사가 동사야. '나는'의 기본형은 '날다'. 동사와 형용사는 기본형을 잘 알아야 해. 전에도 얘기했지만 용언은 기본형을 잘 찾아내면 웬만한 건 다 해결돼. 기본형이란 게 그렇잖아? 어간에 무조건 어말 어미 '-다'를 붙인 게 기본형이야. '나는'을 분석해 볼까? '나는'의 기본형이 '날다'이니까 '나는'에서 어간은 무얼까? 여기서 어디까지가 어간이지?

🧑 영영 │ 호호호 어간은 잘 몰라도 어미는 확실해요. '는'은 어미예요. 그런데 이 '는'이 혹시 '관형사 전성 어미'가 아닌가요? 왜냐하면 '나는'이 뒤에 오는 명사 '새'를 꾸며주고 있는 게 눈에 보여요.

👦 단단 | 그렇다면 '어간'은 뭐지? 기본형에서 어미를 빼면 나머지는 어간이잖아. 그러면 답이 나왔네. 헤헤헤 선생님, '나는'에서 어간은 '나'예요. 기본형 '날다'에서 어간이 '날'인데, 여기 '날'에서 'ㄹ'이 어디로 날아가 버렸어요. 'ㄹ'이 사라졌어요. ㄹ실종 사건ㅎㅎ

👨 해마루 | 하하하 둘이서 힘을 합치니 못하는 게 없네. 아주 정확하게 잘 했어. '나는'은 동사가 맞아. 기본형은 '날다'이고 '나'는 어간이고 '는'은 어미야. 그러니까 어미 '는'이 관형사 전성어미가 틀림없지.

　　잘 봐봐. 여기 '날다'처럼 어간이 'ㄹ'로 끝나는 동사는 뒤에 관형사 전성어미 '는'이 오면 'ㄹ'이 탈락하고 말아. 나중에 이걸 공부하겠지만 문법 전문용어로 이것을 'ㄹ탈락 현상'이라고 말해. 오늘은 그냥 한 번 듣고 말아. '아, 이런 게 있구나.'하고 말이야.

| 보기 | 날다 --- 날+는 → 나는 ('ㄹ' 탈락 현상)
　　　　물다 --- 물+는 → 무는 ('ㄹ' 탈락 현상)
　　　　살다 --- 살+는 → 사는 ('ㄹ' 탈락 현상)
　　　　얼다 --- 얼+는 → 어는 ('ㄹ' 탈락 현상)

👦 단단 | 선생님, 정말 '는' 앞에서 'ㄹ'이 다 사라지는군요. 신기해요. 이건 왜 그렇죠?

👨 해마루 | 아서라, 단단아. 조금 이따가 이걸 따져보자꾸나. 그런데 'ㄹ 탈락 현상'은 이런 것 말고도 많아. 한 번 볼래?

아드님 = 아들 + 님　　('ㄹ' 탈락 현상)

소나무 = 솔 + 나무　　('ㄹ' 탈락 현상)

하느님 = 하늘 + 님　　('ㄹ' 탈락 현상)

바느질 = 바늘 + 질　　('ㄹ' 탈락 현상)

따님 = 딸 + 님　　　　('ㄹ' 탈락 현상)

영영 | 'ㄹ 탈락 현상'이 굉장히 많네요. 그런데 왜 하필이면 'ㄴ' 앞에서 'ㄹ'이 탈락하나요?

'ㄹ'과 'ㄴ'은 어떤 관계예요?

해마루 | 참나, 영영의 눈이 날카롭구나. 벌써 그걸 보았어? 음 글쎄, 둘은 어떤 관계일까? 'ㄹ'과 'ㄴ'은 함께 있는 걸 좋아할까, 함께 있는 걸 좋아하지 않을까? 이 둘은 정말 어떤 사이일까? 궁금하네. 가까운 사이, 먼 사이? 뭘까?

단단 | 헤헤헤 둘은 서로 안 보는 걸 좋아하는 것 같은데요. 그러니까 같이 있으면 하나가 탈락해버리는 게 아닐까요? 같이 있고 싶지 않아서...ㅋㅋ나와 영영은 이것과 정반대인데 말이죠.

해마루 | 그래 그렇지. 'ㄹ'과 'ㄴ'은 너희 둘과는 완전히 정반대로구나. 너희 둘은 항상 같이 붙어 있고 싶어서 노심초사인데 말이지. 하하하

영영 ┃ 아유, 선생님, 우리가 언제 그랬다고 그러세요. 누가 들으면 진짜인 줄 알겠어요. 그나저나 'ㄹ 탈락 현상'을 확실히 알 것 같아요. 정리하면 'ㄹ탈락 현상'은 2가지가 있군요. 하나는 용언이 활용할 때이고, 또 하나는 두 개의 낱말이 합쳐질 때이군요.

해마루 ┃ 아유유유, 역시 영영은 대단해. 정말 대단하단 말이야. 흩어져 있는 걸 가지런히 정리하는 저 똑똑함이라니, 정말 국어 천재라는 이름이 아깝지 않단 말이야. 대단해. 아주 정리를 잘했어. 그래 그런 거지. 지식이라는 걸 너무 어렵게 생각하면 안 돼. 지식도 별 게 아니야. 누가 잘 정리해서 잘 만들어 놓은 게 지식이야. 그러니까 남들이 만들어 놓은 걸 그저 외우고 따라하는 걸로는 안 돼. 그러면 지식의 발전이 없어. 게다가 새 것이라도 자기의 지식이 되기가 힘들어. 진짜 지식은 그냥 외우는 게 아니라 스스로 정리하는 것이고 스스로 창조할 수도 있어야 하거든.

얘들아, 내가 늘 강조하는 게 있잖아. 그게 뭐지? 무엇이든 자기 머리로 생각하고 자기 가슴으로 느끼고 자기 손으로 정리해야 해. 그래야 그것이 자기 것이 되는 거야. 그래야 공부가 고통스럽지 않고 나름 의미 있고 보람 있게 되지. 살아가면서 자기가 인생의 주인공이 되는 길은 오직 이것뿐이야. 명심 또 명심. 하하하 얘들아, 알겠니?

단단, 영영 ┃ (크게) 네, 알겠습니다.

01 음운

🌱 바탕 다지기

음운 : 말소리의 가장 작은 단위

(우리말은 자음 19개, 모음 21개)

1. 자음
   ① 기본 14개 : ㄱ ㄴ ㄷ ㄹ ㅁ ㅂ ㅅ ㅇ ㅈ ㅊ ㅋ ㅌ ㅍ ㅎ
   ② 된소리 5개 : ㄲ ㄸ ㅃ ㅆ ㅉ

2. 모음
   ① 단모음 10개 : ㅏ ㅐ ㅓ ㅔ ㅗ ㅚ ㅜ ㅟ ㅡ ㅣ
   ② 이중모음 11개 : ㅑ ㅒ ㅕ ㅖ ㅘ ㅙ ㅛ ㅝ ㅞ ㅠ ㅢ

🔍 실력 돋보기

음운 : 뜻을 구별해주는 가장 작은 소리의 단위

1. 분절 음운 : 자음, 모음
   ① 자음 (닿소리)
   |보기| 물, 불, 풀, 줄, 술, 굴, 둘...
   　　　－ 위의 낱말들은 첫소리 자음인 ㅁ, ㅂ, ㅍ, ㅈ, ㅅ, ㄱ, ㄷ 때문에
   　　　전혀 다른 뜻의 낱말이 되어요.(자음이 음운이라는 증거임)

② 모음 (홀소리) = 울림소리

　|보기| 강, 공, 겅, 갱, 굉, 긍, 깅...

　　　- 위의 낱말들은 모음인 ㅏ, ㅗ, ㅓ, ㅐ, ㅚ, ㅡ, ㅣ 때문에

　　　전혀 다른 뜻의 낱말이 되어요.(모음이 음운이라는 증거임)

2. 비분절 음운 : 말소리의 길이　* 영어는 강약(액센트)

　|보기| 말[馬] ---- 타고 달리는 말　　말:[言] ---- 사람 말소리

　　　짧은 소리　　　　　　　　　　긴 소리

　　　눈[目] ---- 보는 눈　　　　　눈:[雪] ---- 내리는 눈

　　　짧은 소리　　　　　　　　　　긴 소리

해마루 톡톡

위에서 보는 것처럼 말소리의 길고 짧음으로도 뜻이 전혀 다른 낱말이 돼요.
즉, 말소리의 길이도 음운의 자격이 있다는 거죠. 낱말은 자음과 모음으로 쪼갤
수 있어요. 그래서 자음과 모음을 '분절 음운'이라 해요. 그러나 말소리의 길이는
자음이나 모음처럼 쪼갤 수가 없어요. 그래서 말소리의 길이를 '비분절 음운'이
라고 하지요.

* 모음은 혼자서도 소리를 내며(홀소리) 성대를 울리면서 나는 소리, 즉 울림소리입니
다. 그러나 자음은 모음의 도움을 받아야 소리를 내며(닿소리) 안울림소리입니다. 성대
를 울리지 않고 공기 흐름에 장애를 받지요. 결국 자음은 혼자 소리를 낼 수 없는 장애
음입니다. (그래서 자음은 '장애음', 모음은 '비장애음'이라고도 하지요)
그러나 자음 중에는 희한하게 울림소리가 4개나 있어요. 이것들은 발음할 때 울
림이 있고 느낌이 좋아서 시를 쓸 때 시인들이 많이 애용해요.
- 자음 울림소리 4개는 'ㄴ, ㄹ, ㅁ, ㅇ'입니다. ('나라마음'으로 낭송하면서 꼭 외우세요.)

| 보기 | 시냇물이 졸졸졸 흘러갑니다.

두런두런 잎들이 속삭입니다.

포도송이가 알알이 들어와 박혀

데굴데굴 굴러가더니

아롱다롱 무지개가 떴어요.

기본 연습

가. 분절음운 낱말만 있는 문장은 (   )에 '분'을, 비분절음운의 낱말이 있으면 '비'를 쓰세요.

1. 옛날에는 말을 타고 달렸다.   (   )

2. 햇볕이 강하니 발을 치면 좋겠다.   (   )

3. 가을에는 밤이 토실토실 익어간다.   (   )

4. 내 눈으로 꼭 확인하고 싶구나.   (   )

5. 양봉은 벌을 키우는 것이다.   (   )

6. 겨울은 시베리아 추위가 몰려온다.   (   )

7. 그 둘은 한 형제처럼 사이가 좋다.   (   )

8. 선생님께 혼나고 벌을 받았지.   (   )

9. 창수는 발이 참 넓어 아는 사람도 많다.   (   )

10. 산에도 들에도 눈이 내린다.   (   )

나. 기본음운 40개만으로 된 낱말은 ( )에 ○을, 그렇지 않으면 ×표를 하세요.

1. 둘째   (   )   6. 놀이터   (   )

2. 끓다   (   )   7. 낙동강   (   )

3. 휘두르다   (   )   8. 개미핥기   (   )

4. 엉터리   (   )   9. 쫓으려고   (   )

5. 싫증   (   )   10. 훑어보는   (   )

실력다짐

가. □에 알맞은 말을 쓰세요.

1. 말소리의 가장 작은 단위를 □□이라고 한다.

2. 우리말의 기본 음운에서 □□은 19개다.

3. 우리말의 기본 음운에서 모음은 □개다.

4. 기본 자음은 처음 'ㄱ'에서부터 마지막 □까지 14개이다.

5. 된소리 자음은 'ㄲ'을 비롯해서 모두 □개이다.

6. 순 우리말로 자음은 '닿소리'라고 하고 모음은 □□□라고 한다.

7. 모음은 모두 울림소리이고 자음 중에서 울림소리는 □□□□4개뿐이다.

8. 말소리의 길고 짧음으로도 뜻이 달라지므로 이것을 □□□음운이라고 한다.

9. 분절음운에는 ☐☐과 모음이 있다.

10. 우리말의 기본 음운은 자음과 모음을 합쳐서 모두 ☐개이다.

나. 다음 표현에 쓰인 음운의 개수를 적으세요.

1. 한글 사랑　　　　　　　　　　　　　（　　　）개

2. 깊게 새겼다　　　　　　　　　　　　（　　　）개

3. 정말 모르고　　　　　　　　　　　　（　　　）개

4. 차라리 기쁘구나　　　　　　　　　　（　　　）개

5. 바다가 부른다　　　　　　　　　　　（　　　）개

02 음절

바탕 다지기

음절 : <u>발음이 가능한</u> 말소리의 최소 단위

① 모음 1개로 된 음절

|보기| 아, 야, 어, 여, 우, 유...

② '자음+모음'으로 된 음절

|보기| 가, 나, 더, 라, 무, 소, 지...

③ '모음+자음'으로 된 음절

|보기| 음, 약, 일, 악, 얼, 운, 옷

 첫소리 'ㅇ'은 소리 값이 없기 때문에 음운이 아님.
따라서 '영'과 'ㆆ'은 같은 것이며 같은 소리를 냄.

④ '자음+모음+자음'으로 된 음절

|보기| 돌, 밥, 갈, 군, 선, 끓...

실력 돋보기

음절 : <u>한 번에 발음할 수 있는</u> 말소리의 최소 단위

표기   실제 발음   음절 수
                         (음절)

사랑해 --------- [사/랑/해] ---------- 3음절

무척 ---------- [무/척] ----------- 2음절

빵 ------------- [빵] ------------ 1음절

국어 --------- [구/거] ----------- 2음절

우리들은 ------- [우리드른] --------- 4음절

별빛이 --------- [별/비/치] ---------- 3음절

표기   실제 발음   음절 수
                         (음절)

깊은 산 -------- [기/픈/산] ---------- 3음절

맑은 물 ------- [말/근/물] ---------- 3음절

집 앞으로 ------ [지/바/프/로] -------- 4음절

시냇물이 흐른다 -- [시/낸/무/리/흐/른/다] - 7음절

해마루 톡톡

* 음절은 실제 발음을 해보고 찾아야 해요.

|보기| 맑은 물 --- [말/근/물] ⇒ 이 표현의 둘째 음절을 적어라.
              정답 : 근(○) 은(×)

      시냇물이 ---- [시/낸/무/리] --- 이 표현의 둘째 음절을 적어라.
                  정답 : 낸(○) 냇(×)

기본 연습

다음 표현의 둘째 음절을 쓰세요.

1. 붉은   (   )   11. 맞이해서   (   )
2. 삶을   (   )   12. 축하드려요 (   )
3. 어떻게   (   )   13. 따뜻한   (   )
4. 익혀서   (   )   14. 저어라   (   )
5. 원시인   (   )   15. 있어서   (   )
6. 같은   (   )   16. 칼날   (   )
7. 옛날에는   (   )   17. 봄비   (   )
8. 놀이를   (   )   18. 않고   (   )
9. 먹이   (   )   19. 해돋이   (   )
10. 높임   (   )   20. 나뭇잎   (   )

실력다짐

가. 다음 문장에서 표기와 발음이 똑같은 어절을 찾아 ○표 하세요.

1. 꽃으로 뒤덮인 옥상으로 갔다.
2. 잠시 기다리겠느냐고 물었다.
3. 가슴이 너무 쿵쿵거렸다.
4. 편지를 읽으며 행복한 순간을 떠올렸다.
5. 네 마음에 내가 있는 거니?

나. 다음 문장에 쓰인 음운의 개수를 적으세요.

1. 승화야, 정말 축하해.   (　　)개

2. 삼겹살이 제일 맛있지 않니?   (　　)개

3. 병아리 떼를 만났어요.   (　　)개

4. 소나무와 대나무 같은 그림   (　　)개

5. 오리가 물에 둥둥 떠 있다.   (　　)개

다. 발음할 때 음절이 표기와 일치하면 (　)에 ○을, 그렇지 않으면 ×표를 하세요.

1. 구름을   (　　)   6. 호박   (　　)

2. 셋이   (　　)   7. 개구리밥   (　　)

3. 아침   (　　)   8. 헤엄치다   (　　)

4. 넣어   (　　)   9. 꽃을   (　　)

5. 어린이   (　　)   10. 미닫이   (　　)

03 음운과 음절

음절의 구성

|보기| 곰 ------------- 'ㄱ'은 첫소리

음운은 3개   'ㅗ'는 가운뎃소리

                    'ㅁ'은 끝소리(=받침)

형 ------------- 'ㅎ'은 첫소리

음운은 3개   'ㅕ'는 가운뎃소리

                    'ㅇ'은 끝소리(=받침)

제 ------------- 'ㅈ'은 첫소리

음운은 2개   'ㅔ'는 가운뎃소리

귀 -------------'ㄱ'은 첫소리

음운은 2개   'ㅟ'는 가운뎃소리

여 --------------첫소리 'ㅇ'은 소리 값 없음(음운이 아님)

음운은 1개(모음 'ㅕ')   'ㅕ'는 가운뎃소리

워 --------------첫소리 'ㅇ'은 소리 값 없음(음운이 아님)

음운은 1개(모음 'ㅟ')   'ㅟ'는 가운뎃소리

음절은 실제 소리 나는 대로 따지는 것이며 따라서 발음과 밀접한 관계를 가져요.

우리가 실제 발음을 하면 음운이 달라지기도 해요. 이것을 음운의 변동이라고 합니다.

|보기| '깊은 숲'에서 첫째 음절은 (기)

둘째 음절은 (픈)

셋째 음절은 (숩) – 이에요.

위에서 보듯 '깊은 숲'을 실제 발음을 하면 [기픈숩]이 되어 음운의 변동이 일어나요. 음운의 조각들(표기)　　　음절(실제 발음)
이런 것을 국어문법에서는 '음운의 변동'이라고 하며, 위는 '음절의 끝소리규칙'에 해당해요.

기본 연습

다음 낱말의 음운 개수는?

1. 강　　　　　(　　　)　　5. 밥　　　　　(　　　)

2. 북　　　　　(　　　)　　6. 대한민국　　(　　　)

3. 잘　　　　　(　　　)　　7. 음악　　　　(　　　)

4. 생명　　　　(　　　)　　8. 국어　　　　(　　　)

9. 사탕	( )		15. 축하	( )
10. 일어나다	( )		16. 생일상	( )
11. 연꽃	( )		17. 메아리	( )
12. 통조림	( )		18. 맛있다	( )
13. 해돋이	( )		19. 바람	( )
14. 정답게	( )		20. 갑자기	( )

실력다짐

가. 다음 표현에서 발음할 때 음운의 변동이 일어나는 것을 찾아 ○표 하세요.

1. 집에 갈 때가 되었네.
2. 오늘은 기분이 참 좋아.
3. 다시 세어보니 맞다.
4. 엄마야 누나야 강변 살자.
5. 돼지 국밥이 참 맛있구나.

나. 다음 문장에 쓰인 음절의 개수를 적으세요.

1. 우리 집은 아파트이다.   ( )개
2. 우리끼리 소풍을 갔지요.   ( )개
3. 영화의 한 장면이 생각나요.   ( )개
4. 라면 세 개를 한꺼번에 끓인다.   ( )개

5. 벌써 중학생이 되었구나.   (　　　)개

다. 실제 발음에서 음운의 변동이 일어나면 ( )에 ○을, 그렇지 않으면 ×표
를 하세요.

1. 같이   (　　　)   6. 신라   (　　　)

2. 꽃잎   (　　　)   7. 값어치   (　　　)

3. 좋다   (　　　)   8. 장난꾸러기 (　　　)

4. 식용유   (　　　)   9. 국화   (　　　)

5. 활동   (　　　)   10. 동그라미   (　　　)

04 음운의 변동

❶ 음절의 끝소리 규칙

🌱 바탕 다지기

음절의 끝소리(자음 받침)는 대표음 7개 'ㄱ, ㄴ, ㄷ, ㄹ, ㅁ, ㅂ, ㅇ' 중의 하나로 발음한다.

| 보기① |

표기 [발음]	표기 [발음]	표기 [발음]	표기 [발음]
국 [국]	밥 [밥]	밖 [박]	부엌 [부억]

| 보기② |

표기 [발음]	표기 [발음]	표기 [발음]	표기 [발음]
낮 [낟]	낫 [낟]	낯 [낟]	낱 [낟]

| 보기③ |

표기 [발음]	표기 [발음]	표기 [발음]	표기 [발음]
덮다 [덥다]	꽃 [꼳]	앞 [압]	숲 [숩]

🔍 실력 돋보기

음절의 끝소리 규칙 = 대표음 법칙 + 연음법칙

1. 대표음 법칙 : 끝소리 발음을 대표음 7개 [ㄱ, ㄴ, ㄷ, ㄹ, ㅁ, ㅂ, ㅇ] 으로 통일함

| 보기 |　꽃 [꼳] ------ 끝소리 'ㅊ'을 대표음 'ㄷ'으로 소리 냄

　　　　부엌 [부억] --- 끝소리 'ㅋ'을 대표음 'ㄱ'으로 소리 냄

　　　　값 [갑] ------ 끝소리 'ㅂㅅ'을 대표음 'ㅂ'으로 소리 냄

　　　　몫 [목] ------ 끝소리 'ㄱㅅ'을 대표음 'ㄱ'으로 소리 냄

　　　　삶 [삼] ------ 끝소리 'ㄹㅁ'을 대표음 'ㅁ'으로 소리 냄

2. 연음법칙 : 받침 글자 다음에 모음이 오면 둘을 연이어서 소리 냄

| 보기 |　앞으로 [아프로] ------- 받침 글자 '앞' 다음에 모음 '으'가 옴

　　　　맑은 물 [말근물] ------- 받침 글자 '맑' 다음에 모음 '으(은)'가 옴

　　　　꽃이 [꼬치] ---------- 받침 글자 '꽃' 다음에 모음 '이'가 옴

　　　　꽃으로 [꼬츠로] ------- 받침 글자 '꽃' 다음에 모음 '으'가 옴

※ 참고

　　표기 [발음]

　　숲 [숩] ------ 숲[숩] 등에서 [ ]은 발음을 나타내는 국제기호임

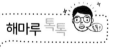
해마루 톡톡

하나의 발음덩이에서 대표음법칙과 연음법칙이 한꺼번에 일어날 수도 있어요.

| 보기 |　겉옷 [거돋] ------ 1차, 대표음법칙 ---- 겉옷 [겉온]

　　　　　　　　　　　　2차, 연음법칙 ---- [겉온 → 거돋]

　　　　값어치 [가버치] --- 1차, 대표음법칙 ---- 값어치 [갑어치]

　　　　　　　　　　　　　2차, 연음법칙 ---- [갑어치 → 가버치]

기본 연습

아래 낱말을 소리 나는 대로 적으세요.

1. 다섯	( )	11. 돋아나는	( )	
2. 얕은	( )	12. 빛	( )	
3. 높아	( )	13. 솔잎	( )	
4. 부엌	( )	14. 삼백	( )	
5. 꽃이	( )	15. 넷	( )	
6. 옆	( )	16. 대낮에	( )	
7. 앞으로	( )	17. 바퀴	( )	
8. 여덟	( )	18. 빛을	( )	
9. 값	( )	19. 아침에	( )	
10. 밭에	( )	20. 푸른 숲	( )	

실력다짐

가. 다음 문장에서 음절의 끝소리규칙을 찾아 ○표 하세요.

1. 바람이 구름을 몰아간다.

2. 오늘 밤은 유난히 조용하네.

3. 숙제가 많아서 머리 아프다.

4. 아직도 토요일이면 라면을 먹니?

5. 창수는 왠지 울고 싶었다.

나. 다음 문장에서 음절의 끝소리규칙을 찾아 (   )에 소리 나는 대로 바르게 적으세요.

1. 아는 것이 힘이다 ··· (   )

2. 나는 대한민국을 사랑한다 ··· (   )

3. 안개꽃이 참 예쁘구나· ··· (   )

4. 샘물처럼 솟아오른다. ·· (   )

5. 도서관에는 책이 참 많습니다. ·· (   )

6. 예지는 눈이 무척 예쁘다. ··· (   )

7. 푸른 산이 우리를 부른다. ··· (   )

8. 가을 낙엽이 거리를 뒹군다. ··· (   )

9. 창수는 혼자서도 밥을 잘 먹는다. ·· (   )

10. 창문을 열심히 닦자. ·· (   )

❷ 자음 동화

자음동화 : 자음이 연달아 만날 때 그것들이 서로 같거나 비슷한 것으로 소리 남

| 보기 | • 신라 [실라]
　　　⇒ 두 자음 'ㄴ'과 'ㄹ'이 서로 만남 ---앞의 'ㄴ'이 'ㄹ'로 소리가 바뀜 --- 똑같아짐

　　　• 진리 [질리]
　　　⇒ 두 자음 'ㄴ'과 'ㄹ'이 서로 만남 ---앞의 'ㄴ'이 'ㄹ'로 소리가 바뀜 --- 똑같아짐

　　　• 국물 [궁물]
　　　⇒ 두 자음 'ㄱ'과 'ㅁ'이 서로 만남 ---앞의 'ㄱ'이 'ㅇ'으로 소리가 바뀜 --- 비슷해짐

🔍 실력 돋보기

자음동화 : 자음과 자음이 서로 만날 때 자음끼리 같거나 비슷한 소리로 바뀜 (발음을 쉽고 편하게 하려는 이유 때문임 = 발음의 경제성 원리)

1. 동화의 정도에 따라

　　① 완전동화 : 음운 변동으로 두 자음이 똑같은 것이 됨

　　　　| 보기 | 진리 [질리] ----- 'ㄴ,ㄹ'이 발음할 때 'ㄹ,ㄹ'로 바뀜

　　　　　　　 신라 [실라] ----- 'ㄴ,ㄹ'이 발음할 때 'ㄹ,ㄹ'로 바뀜

　　　　　　　 칼날 [칼랄] ----- 'ㄹ,ㄴ'이 발음할 때 'ㄹ,ㄹ'로 바뀜

　　② 불완전 동화 : 음운 변동으로 두 자음이 똑같지는 않고 비슷해짐

　　　　| 보기 | 국물 [궁물] ----- 'ㄱ,ㅁ'이 발음할 때 'ㅇ,ㅁ'로 바뀜

　　　　　　　 종로 [종노] ----- 'ㅇ,ㄹ'이 발음할 때 'ㅇ,ㄴ'으로 바뀜

　　　　　　　 먹는 [멍는] ----- 'ㄱ,ㄴ'이 발음할 때 'ㅇ,ㄴ'으로 바뀜

2. 동화의 방향에 따라

　　① 역행동화 : 앞 자음(형)이 뒤의 자음(동생)을 따라서 바뀜

　　　　| 보기 | 난로 [날로] -- 앞 자음 'ㄴ'이 뒤의 자음 'ㄹ'을 따라서 'ㄹ'로 바뀜

　　② 순행동화 : 뒤의 자음(동생)이 앞 자음(형)을 따라서 바뀜

　　　　| 보기 | 칼날 [칼랄] -- 뒤의 자음 'ㄴ'이 앞 자음 'ㄹ'을 따라서 'ㄹ'로 바뀜

　　③ 상호동화 : 앞 자음(형)과 뒤의 자음(동생)이 발음할 때 서로가
　　　　다 바뀜

　　　　| 보기 | 독립 [동닙] -- 앞 자음 'ㄱ'은 발음할 때 'ㅇ'으로 바뀌고, 뒤의 자
　　　　　　　음 'ㄹ'은 발음할 때 'ㄴ'으로 바뀜

정확한 발음은 쉽고 편한 발음이 되느냐에 달려 있어요.
-1음절마다 끊어서 발음하면 정확한 발음을 찾아낼 수 있지요.

| 보기 |　1. 독립 [독닙] --- [독], [닙] ---끊어서 1음절씩 발음해보세요. 불편하고
　　　　힘들어요.(틀린 발음)

　　　2. 독립 [동립] -- [동], [립] ---끊어서 1음절씩 발음해보세요. 불편하고
　　　　힘들어요.(틀린 발음)

　　　3. 독립 [동닙] -- [동], [닙] ---끊어서 1음절씩 발음해보세요. 쉽고 편해
　　　　요.(정확한 발음)

기본 연습

다음 중 발음할 때 자음동화가 일어나면 ○표, 아니면 ×표를 하세요.

1. 국어　　　　（　　　）　　11. 난로　　　　（　　　）

2. 종로　　　　（　　　）　　12. 독립　　　　（　　　）

3. 인류　　　　（　　　）　　13. 한류　　　　（　　　）

4. 놓고　　　　（　　　）　　14. 꽃이　　　　（　　　）

5. 국화　　　　（　　　）　　15. 달맞이　　　（　　　）

6. 닭　　　　　（　　　）　　16. 물총　　　　（　　　）

7. 국물　　　　（　　　）　　17. 숫자　　　　（　　　）

8. 대통령　　　（　　　）　　18. 바빠서　　　（　　　）

9. 숲　　　　　（　　　）　　19. 촛불　　　　（　　　）

10. 전라도　　　（　　　）　　20. 먹어라　　　（　　　）

가. 아래 낱말의 자음동화현상에서 순행동화는 1을, 역행동화는 2를, 상호동화는 3을 적으세요.

1. 진리   (   )   6. 난로   (   )

2. 국립   (   )   7. 독립   (   )

3. 강릉   (   )   8. 달나라   (   )

4. 먹는   (   )   9. 협력   (   )

5. 섭리   (   )   10. 칼날   (   )

나. 아래 낱말의 자음동화 현상에서 완전동화는 '완'을 , 불완전동화에는 '불'을 (   )에 적으세요.

1. 난로   (   )   6. 진리   (   )

2. 칼날   (   )   7. 독립   (   )

3. 국물   (   )   8. 신라   (   )

4. 국력   (   )   9. 설날   (   )

5. 강릉   (   )   10. 종로   (   )

❸ 모음조화

모음조화 : 비슷한 느낌의 모음끼리 어울림

❘보기❘ 찰찰 -- 물이 찰찰 넘친다. -- 밝고 가벼운 느낌

　　　철철 -- 물이 철철 넘친다. -- 어둡고 무거운 느낌

　　　찰철(×) --물이 찰철 넘친다. -- 사용 안 됨(×)

🔍 실력 돋보기

모음조화 : 양성모음은 양성모음끼리, 음성모음은 음성모음끼리 어울림

　① 양성모음 : 밝고 작고 가벼운 느낌의 모음

　　(모음 'ㅏ'와 'ㅗ'가 대표)

　　❘보기❘ 물이 찰찰 넘친다.

　　　　 아기가 아장아장 걷는다.

　　　　 연기가 모락모락 피어난다.

　② 음성모음 : 어둡고 크고 무거운 느낌의 모음

　　(모음 'ㅓ'와 'ㅜ'가 대표)

　　❘보기❘ 물이 철철 넘친다.

　　　　 킹콩이 어정어정 걸어온다.

　　　　 미루나무가 무럭무럭 자란다.

해마루 톡톡

1. 모음조화는 첫째로, <u>의성어</u>와 <u>의태어</u>에서 많이 나타나요.

 ① 의성어 : 소리를 흉내 낸 말

| |보기| 덜컹덜컹, 멍멍, 뛰뛰빵빵, 뿌웅, 철벙철벙, 쿨쿨...

 ② 의태어 : 모양을 흉내 낸 말

| |보기| 흔들흔들, 대롱대롱, 송글송글, 빙글빙글, 슬금슬금

2. 모음조화는 둘째로, 용언에서 <u>어간과 어미가 결합</u>할 때 나타나요.

| |보기| 먹(어간) --------- 다(어미)

 음성모음 'ㅓ'사용

 --------- 어 ------ 먹어 (○)
 --------- 아 ------ 먹아 (×)

 잡(어간) --------- 다(어미)

 양성모음 'ㅏ'사용

 --------- 아 ------ 잡아(○)
 --------- 어 ------ 잡어 (×)

기본 연습

밑줄 친 부분이 모음조화 현상이 맞으면 ○, 아니면 X표를 하세요.

1. 나무가 <u>많아서</u>   (   )

2. 용돈이 <u>적어요.</u>   (   )

3. 빗방울이 <u>대롱대롱</u>   (   )

4. <u>알록달록</u> 물드는 산　　　　　　　(　)

5. <u>출렁출렁</u> 물결치다.　　　　　　　(　)

6. <u>중얼중얼</u> 혼잣말　　　　　　　　(　)

7. <u>행운</u>을 잡아라　　　　　　　　　(　)

8. 천천히 <u>먹어라</u>　　　　　　　　　(　)

9. <u>소곤소곤</u> 귓속말을 하다.　　　　　(　)

10. 잘 <u>담어</u> 주세요.　　　　　　　　(　)

11. <u>하하호호</u> 웃어라　　　　　　　　(　)

12. <u>얼룩덜룩</u> 물들다.　　　　　　　　(　)

13. <u>부드러운</u> 미소　　　　　　　　　(　)

14. <u>무럭무럭</u> 자란다　　　　　　　　(　)

15. 물이 <u>찰찰</u> 넘친다.　　　　　　　(　)

16. <u>오롱조롱</u> 매달리다　　　　　　　(　)

17. <u>어우렁더우렁</u> 조화롭다　　　　　(　)

18. 잘 <u>먹아요</u>　　　　　　　　　　(　)

19. 사이다를 <u>마셨고</u>　　　　　　　　(　)

20. 집에 <u>오어서</u>　　　　　　　　　(　)

실력다짐　　　　　　　　　　　　🎯

가. 양성모음이면 ( )에 1을, 음성모음이면 2를 쓰세요.

1. ㅏ ( )   6. ㅛ ( )
2. ㅑ ( )   7. ㅐ ( )
3. ㅓ ( )   8. ㅔ ( )
4. ㅕ ( )   9. ㅘ ( )
5. ㅗ ( )   10. ㅝ ( )

나. 밑줄 친 낱말이 의성어이면 ( ) 에 '의성'을, 의태어는 '의태'를 적으세요.

1. 슬금슬금 내려가는 중이다.   ( )
2. 아장아장 아기가 걸음마를 하네.   ( )
3. 어린이들이 철벙철벙 물장난을 하는구나.   ( )
4. 연기가 모락모락 피어난다.   ( )
5. 창수가 쿨쿨 코를 골며 잔다.   ( )

다. 다음 설명이 맞으면 ○, 틀리면 ×표를 하세요.

1. 양성모음은 밝고 가볍고 작은 느낌이다.   ( )
2. 양성모음은 'ㅓ'와 'ㅜ'가 대표적이다.   ( )
3. 양성모음과 음성모음은 함께 잘 어울린다.   ( )
4. 음성모음 뒤에는 양성모음이 와야 모음조화가 이루어진다. ( )
5. 의성어와 의태어에는 모음조화가 없다.   ( )

마중물2

해마루 | '자음동화'니 '모음조화'니 하는 이름도 국어학자들이 지은 거야. 이게 무슨 하늘에서 뚝 떨어진 게 아냐. 절대로 괴상한 게 아니거든. 다 사람이 만든 거지. 지식이라고 하는 것도 그렇고, 생각이라고 하는 것도 그렇고, 수학이라고 하는 것도 그렇고, 알파고도 그렇고, 이런 게 다 사람이 만든 거야. 인공 지능도 겁낼 거 없어. 사람이 만든 거거든.

사람을 먼저 생각하면 어떤 것도 낯설지 않고 마음이 편안해져. 두려울 게 없어. 국어학자는 이렇게 이름 지었는데, 나보고 이름을 지으라 하면 '나는 이름을 어떻게 지을까?' 이런 생각을 해보면 모든 지식이 자신과 아주 사이가 가까워져. 이렇게 해야 공부하기가 자연스럽고 마음이 편안해지지. 이런 마음 바탕을 늘 가져야 해. 세상에서 가장 중요한 사람은 바로 나 자신이지. 세상에서 가장 중요한 생각은 바로 내 생각이야. 세상에서 가장 중요한 지식은 바로 나의 지식이야. '나'라는 사람이 이 세상에서 가장 중요하니까 말이야.

얘들아, 우리가 말이야, 공부를 하는 이유가 뭘까? 우리는 왜 공부를 하는 걸까? 성공하려고? 출세하려고? 잘 먹고 잘 살기 위해서? 장가를 잘 가려고? 시집을 잘 가려고? 도대체 우리는 왜 공부를 할까? 게다가 공부를 왜 잘해야 할까? 세계 평화와 만물의 행복을 위해서? 여기서 너희들의 생각을 한번 들어보고 싶구나.

🙂 **단단** | 국어 공부를 잘하고 싶어서 저는 국어를 공부하고 있어요. 지금은 잘 몰라요. 열심히 하면 잘 되겠죠. 모르겠어요. 저는 지금 하루바삐 국어 천재가 되고 싶은 마음뿐이에요.

🙂 **영영** | 글쎄요, 저도 아직 모르겠어요. 매일을 한 걸음씩 꿈속으로 가고 있을 뿐이에요.

😀 **해마루** | 하하하 그래 좋아. '공부'는 중국말로 '쿵푸'라고 하거든. '쿵후' 알잖아? 그 쿵푸가 바로 공부(工夫)야. 무술을 수련하듯 운동을 하듯이 공부를 하는 게 맞거든. 아주 옛날에는 글공부와 몸공부가 하나로 붙어 있었지 뭐냐. 신라의 화랑들이 그랬고 고구려의 선배들이 그랬고 조선 시대의 양반들이 다 그랬지. 지금처럼 운동과 공부가 전혀 다른 두 개의 딴 세상으로 딱 나누어지지 않았어. 심신을 함께 수양했지.

너희들은 운동도 열심히 하고 공부도 열심히 하고, 그랬으면 좋겠어. 공부와 운동은 서로 정비례 관계야. 공부를 잘하면 운동을 잘하고, 운동을 잘하면 공부를 잘하고 – 이런 정비례 관계 말이야. 인생 전체에서 보면, 공부가 곧 운동이고 운동이 곧 공부거든. 공부하는 게 (뇌)운동하는 것이 되고 운동하는 게 (몸)공부하는 것과 같아. 건강하게 살려면 운동과 공부를 늘 함께 해야 하고 이것을 평생 동안 꾸준히 해야 하는 거야. 그러니까 운동이고 공부고 간에 지치지 않고 꾸준하게 하는 게 꼭 필요하지. 무리하면 절대 안 돼. 지치면 계속할 수 없거든. 운동이나 공부를 꾸준히 해야 하루하루가 보람차고 늘 새로워지지. 얘들아, 알겠니?

단단 | 에고공, 저는 공부와 운동을 반비례 관계로 알았는데요. 운동을 하면 공부할 시간이 없어서 공부를 못하게 되고, 공부를 하면 운동할 시간이 없고 해서 운동을 못하고 말이에요.

해마루 | 하하하 아니거든. 단단아, 공부라는 게 말이야 결국은 나를 위하는 거거든. 나를 위하는 게 결국은 세상을 위하는 거고 말이야. 내 눈으로 세상을 보고 내 머리로 생각을 하고 내 가슴으로 느끼고 내 손으로 정리를 하기 위해서 우리는 공부를 한단 말이야. 그렇다고 생각하지 않니? 그러면 운동이고 공부고 간에 그게 다 공부라는 거거든. 따지고 보면 운동과 공부가 하나야. 한 사람의 몸에서 운동과 공부가 동시에 일어나고 한꺼번에 일어나고 한 묶음으로 경험해 가는 거지.

영영 | 선생님, 그렇다면 하다못해 가끔 맨손 체조라도 하면서 공부를 하는 게 좋겠죠?

해마루 | 그렇지. 허헛, 이것 참 우리가 또 엉뚱한 곳으로 빠져들고 말았네. '국어' 공부하다가 전혀 엉뚱한 곳으로 들어섰어. 이곳을 후딱 빠져나가야 하겠구나. 에쿠나, 공부 장소로 되돌아가 볼거나. 자 나를 따르라. 휘리리리리리릭~

단단 | 선생님, 인생 공부가 많이 되었어요. 고맙습니다. 그 사이에

제가 금관을 하나 나도 모르게 장만한 것 같아요. 내 머리 위에서
빛이 번쩍번쩍 나요. 헤헤헤.

영영 │ 내가 공부를 왜 해야 하는지 조금은 알 것 같아요. 호호호
어떻게 해야 하는지도 알 듯해요. 국어문법 공부가 끝나면 제 가
슴속의 티끌까지 말끔히 정리되어 있지 않을까 하고 기대가 돼
요. 선생님, 고맙습니다

05 음운의 탈락

음운 탈락은 당연하게도 '자음 탈락'이 있고 '모음 탈락'이 있어요.

1. 자음 탈락

자음 탈락 : 두 자음이 만날 때 자음 하나가 탈락하여 사라짐

|보기| 아드님 → 아들 + 님 = <u>아드님</u>(○) 아들님(×)
　　　　　　　　　　　'아들'의 자음'ㄹ'과 '님'의 자음 'ㄴ'이 만나 앞의 'ㄹ'이 탈락

　　　 따님 → 딸 + 님 = <u>따님</u>(○) 딸님(×)
　　　　　　　　　　　딸'의 자음'ㄹ'과 '님'의 자음 'ㄴ'이 만나 앞의 'ㄹ'이 탈락

　　　 하느님 → 하늘 + 님 = <u>하느님</u>(○) 하늘님(×)
　　　　　　　　　　　'하늘'의 자음'ㄹ'과 '님'의 자음 'ㄴ'이 만나 앞의 'ㄹ'이 탈락

　　　 소나무 → 솔 + 나무 = <u>소나무</u>(○) 솔나무(×)
　　　　　　　　　　　'솔'의 자음'ㄹ'과 '나무'의 자음 'ㄴ'이 만나 앞의 'ㄹ'이 탈락

　　　 마소 → 말 + 소 = <u>마소</u>(○) 말소(×)
　　　　　　　　　　　'말'의 자음'ㄹ'과 '소'의 자음 'ㅅ'이 만나 앞의 'ㄹ'이 탈락

자음 탈락 : 2개의 자음이 만나 충돌이 일어나면 한 개의 자음이 탈락함

(발음하기가 쉽지 않고 어렵고 불편하다는 뜻임)

| 보기 | 울(어간) + 다(어미)

　　　　　　+ 는 → 우는 (○) ---- 'ㄹ' 탈락

　　　　　　어미(관형사 전성어미) → 울는 (×) ---- 발음이 힘들고 불편함

　　　　넣(어간) + 다(어미)

　　　　　　+ 어 → 넣어 [너어] (○) ---- 'ㅎ' 탈락

　　　　　　어미(연결어미) → 넣어 [넣어] (×) ---- 발음이 힘들고 불편함

　　　　짓(어간) + 다(어미)

　　　　　　+ 어 → 지어 (○) ---- 'ㅅ' 탈락

　　　　　　어미(연결어미) → 짓어 (×) ---- 발음이 힘들고 불편함

2. 모음 탈락

모음 탈락 : 두 모음이 만날 때 모음 하나가 탈락하여 사라짐

| 보기 | 끄 + 다 --- (활용) 끄 + 어 → 꺼(○) ----- '으' 탈락
　　　어간　　어미　　　　　　　연결어미　끄어(×)

　　　　쓰 + 다 --- (활용) 쓰 + 어 → 써(○) ----- '으' 탈락
　　　어간　어미　　　　　　　연결어미　쓰어(×)

　　　　뜨 + 다 --- (활용) 뜨 + 어 → 떠(○) ----- '으' 탈락
　　　어간　어미　　　　　　　연결어미　뜨어(×)

모음 탈락 : 2개의 모음이 만나 충돌이 일어나면 한 개의 모음이 탈락함
　　　　　　(발음하기가 쉽지 않고 어렵고 불편하다는 뜻임)

| 보기 | 푸(어간) + 다(어미)

　　　　　　+ 어 → 퍼(○) ----- 'ㅜ' 탈락
　　　　연결어미　　푸어(×) --- 발음이 힘들고 불편함

가(어간) + 다(어미)

　　+ 아서 → 가서 (○) ----- 'ㅏ' 탈락

　　연결어미　　가아서 (×) ---- 발음이 힘들고 불편함

먹(어간) + 다(어미)

　　+ 어서 → 먹어서 (○) ----- 'ㅓ' 탈락 아님

　　연결어미　　먹서 (×) -------- 발음이 힘들고 불편함

뜨 + 다--(활용) 뜨 + 었 + 다 → 떴다 (○) ── 'ㅡ' 탈락

어간 어미　　　　선어말어미　종결어미 → 뜨었다 (×) ── 발음이 힘들고 불편함

잠그(어간) + 다(어미)

　　+ 아 → 잠가 (○) ------ 'ㅡ' 탈락

　　연결어미　　잠그아 (×) ----- 발음이 힘들고 불편함

기본 연습

다음 낱말의 음운 변동에서 음운 탈락이면 '탈'을 적고, 그렇지 않으면 (　)에 ×표를 하세요.

1. 아드님	(　　)	7. (하늘을) 나는 새	(　　)
2. 우는	(　　)	8. 하느님	(　　)
3. 넣어	(　　)	9. (눈을) 떴다.	(　　)
4. 잠가	(　　)	10. (글을) 써라.	(　　)
5. (집을) 지어	(　　)	11. 바느질	(　　)
6. 소나무	(　　)	12. (줄을) 그어	(　　)

13. 됐다 ( )		17. 남겨라	( )
14. (하늘을) 봐라 ( )		18. (병이) 나으면	( )
15. 좋아서 ( )		19. (불을) 켜고	( )
16. 옳다 ( )		20. 뵈다	( )

실력다짐 – 문제제시 표현 바꾸기

가. 다음 문장의 음운 변동에서 음운 탈락을 찾아 ○표 하세요.

1. 선생님, 따님이 정말 예쁘군요.
2. 땔감을 높이 쌓으니 기분이 든든하겠어요?
3. 시를 다 썼으면 발표를 한 번 해 보자.
4. 줄을 그어서 경계를 가르자는 말이냐?
5. 머리를 감을 때는 물을 잠가 주세요.
6. 활과 화살을 무기고에 보관하라.
7. 다달이 들어가는 학원 돈이 100만 원에 가깝다.
8. 인연을 잘 이어서 나중에 또 봐요.
9. 요즘 내가 좀 바빴거든.
10. 추워서 이불 속으로 쏙 들어갔다.

나. 다음 문장의 음운 변동에서 음운 탈락을 찾아서 ( )에 탈락 음운을 정확히 쓰세요.

1. 장난감을 서랍에 잘 넣어 두어라. ·························· ( ) 탈락
2. 거실 등을 빨리 꺼라. ······························· ( ) 탈락

220

3. 힘들게 농사를 지어 수확을 기다립니다. ················ (　　　) 탈락

4. 비행기가 참 높이 떴다. ································· (　　　) 탈락

5. 남과 북을 하나로 이어 한반도에 평화를! ··············· (　　　) 탈락

06 음운의 축약

음운의 축약은 당연하게도 자음 축약이 있고 모음 축약이 있어요.

1. 자음 축약

🌱 바탕 다지기

자음 축약 : <u>연속되는 2개의 자음이 발음할 때 1개로 합쳐짐</u>

　　　　　발음을 쉽고 편하게 하기 위해서 (발음의 경제성 원리)

| 보기 | 축하 [추카]　────　'ㄱ'과 'ㅎ'이 1개로 합쳐서 'ㅋ'으로 소리 남

　　　　놓다 [노타]　────　'ㅎ'과 'ㄷ'이 1개로 합쳐서 'ㅌ'으로 소리 남

　　　　잡히다 [자피다]　────　'ㅂ'과 'ㅎ'이 1개로 합쳐서 'ㅍ'으로 소리 남

　　　　그렇지 [그러치]　────　'ㅎ'과 'ㅈ'이 1개로 합쳐서 'ㅊ'으로 소리 남

2. 모음 축약

🌱 바탕 다지기

모음 축약 : <u>연속되는 2개의 모음이 발음할 때 1개로 합쳐짐</u>

　　　　　발음을 쉽고 편하게 하기 위해서 (발음의 경제성 원리)

| 보기 | 그리다 : <u>그리</u> + <u>다</u> ─── (활용) ──── 그리+ 고 → 그리고

　　　　　　어간　어미　　　　　　　그리+ 어 → 그리어 → 그려

　　　　　　　　　　　　　　　　　　　　　연결어미

맞추다 : 맞추 + 다 ––– (활용) –––– 맞추+ 고 → 맞추고
　　　　 어간　어미 　　　　　　　　 맞추+ 어 → 맞추어 → 맞춰
　　　　　　　　　　　　　　　　　　　 연결어미 　　　　 (축약)

되다 : 되 + 다 ––– (활용) –––– 되 + 었 + 고 → 되었고 → 됐고
　　　 어간 어미 　　　　　　　 어간　선어말어미 연결어미 　　 (축약)

되다 : 되 + 다 ––– (활용) –––– 되 + 고 → 되고
　　　 어간 어미 　　　　　　　 어간 연결어미

　　　　　　　　　　　　　　 되 + 어 → 되어 → 돼
　　　　　　　　　　　　　　 어간 연결어미 　　 (축약)

해마루 톡톡

1. 음운의 탈락은 이어진 2개의 음운이 하나가 탈락하는 것이고, 음운의 축약은 이어진 2개의 음운이 1개의 음운으로 합쳐지는 거예요. 이 때 쉽고 편하게 발음하기 위해서 하나로 합쳐질 수 있으면 먼저 축약을 사용해요.

2. 다음으로 2개 음운이 축약이 되지 않을 때는 그때 탈락시키는 방법을 사용하지요.

기본 연습

표기나 발음에서 음운 축약에 해당하면 '축약'을 적고, 그렇지 않으면 ( ) 에 ×표를 하세요.

1. 싫다	( )	11. 아드님	( )
2. 놓고	( )	12. 그림을 그려	( )
3. 됐다	( )	13. 이따가 봐	( )
4. 앓아	( )	14. 나는 꽃을 좋아해	( )
5. 걸려 있던	( )	15. 눈에 띄어	( )
6. 맞춰	( )	16. 가거라	( )
7. 국화	( )	17. 많다	( )
8. 먹고	( )	18. 됐어	( )
9. 잡히다	( )	19. 소나무	( )
10. 그렇다	( )	20. 오가는	( )

실력다짐

가. 다음 문장에서 표기나 발음 시, 음운 축약을 찾아 ○표 하세요.

1. 제 시간에 맞춰 버스를 타거라.

2. 창수는 떨어졌고 예지는 붙었다.

3. 국립묘지에 묻힌 순국선열을 기억하자.

4. 기차 소리가 점점 크게 들렸다.

5. 가만히 봤더니 아기가 그림책을 보는 거야.

나. 다음 문장에서 표기나 발음 시, 음운축약에 해당하는 걸 찾아 ( )에 해당 어절을 직접 쓰세요.

1. 창수야, 생일을 정말 축하해. ······························· (   )

2. 날짜가 잡히는 대로 연락 바랍니다. ···················· (   )

3. 하늘이 파랗고 구름이 맑다. ······························· (   )

4. 500원짜리 동전은 되고, 백 원짜리 동전은 안 돼요. ········ (   )

5. 그러면 풍선이 어떻게 될까? ······························· (   )

6. 벽에 걸려 있는 시계에서 뻐꾸기가 노래해요. ············ (   )

7. 뒤를 돌아봤더니 어머니가 아직까지 두 손을 흔들고 있다. ······ (   )

8. 눈에 띄는 것은 알록달록한 간판뿐입니다. ·············· (   )

9. 구월의 하늘로 국화꽃 향기가 퍼져가네. ················· (   )

10. 지하철 사업을 놓고 찬반 대립이 팽팽합니다. ············ (   )

07 사잇소리 현상

• 사잇소리 현상 : 두 말이 합쳐질 때 그 사이에서 새로운 소리가 나타남

| 보기 ① | 봄비 = 봄 + 비 → 봄비 [봄삐] -- 둘째 낱말(음절)에서 새로운 소리 'ㅃ'이 나타남

　　　　　밤길 = 밤 + 길 → 밤길 [밤낄] -- 둘째 낱말(음절)에서 새로운 소리 'ㄲ'이 나타남

| 보기 ② | 번갯불 = 번개 + 불 → 번갯불 [번개뿔]--두 낱말 사이에 '사이시옷'이 들어가 있음

　　　　　뱃사공 = 배 + 사공 → 뱃사공 [배싸공]--두 낱말 사이에 '사이시옷'이 들어가 있음

　　　　　나뭇잎 = 나무 + 잎 → 나뭇잎 [나문닙]--두 낱말 사이에 '사이시옷'이 들어가 있음

| 보기 ③ | 집일 = 집 + 일 → 집일 [짐닐]-- 둘째 낱말(음절)에서 새로운 소리 'ㄴ'이 나타남

　　　　　솜이불 = 솜 + 이불 → 솜이불 [솜니불]-- 둘째 낱말(음절)에서 새로운 소리 'ㄴ'
이 나타남

🔍 실력 돋보기

• 사잇소리 현상 : 주로 우리말 합성어에서 낱말 사이에 새로운 발음
이나 표기가 나타남

　　① 낱말 사이에 새로운 발음(된소리)이 나타남

　　　| 보기 | 밤 + 길 → 밤길 [밤낄] ---- 된소리 'ㄲ'이 발음으로 나타남

강 + 가 → 강가 [강까] ---- 된소리 'ㄲ'이 발음으로 나타남

봄 + 비 → 봄비 [봄삐] ---- 된소리 'ㅃ'이 발음으로 나타남

우리말 음운에서 된소리는 자음 "ㄲ ㄸ ㅃ ㅆ ㅉ" 5개를 말해요.

② 낱말 사이에 새로운 발음(ㄴ)이 나타남

ㅣ보기ㅣ 솜 + 이불 → 솜이불 [솜니불] ---- 'ㄴ'이 발음으로 나타남

논 + 일 → 논일 [논닐] ---- 'ㄴ'이 발음으로 나타남

콩 + 잎 → 콩잎 [콩닙] ---- 'ㄴ'이 발음으로 나타남

'콩잎[콩닙]' : 음운 변동 2가지가 있음 (1.사잇소리 현상 2.음절의 끝소리규칙)

③ 낱말 사이에 새로운 표기(ㅅ=사이시옷)가 나타남

ㅣ보기ㅣ 빨래 + 줄 → 빨랫줄 [빨래쭐]

이 + 몸 → 잇몸 [인몸]

초 + 불 → 촛불 [초뿔]

④ 낱말 사이에 새로운 표기(ㄴ=사이니은)이 나타남

ㅣ보기ㅣ 아래 + 이 → 아랫니 [아랜니] ---표기에 사이시옷과 사이니은이 나타남

덧 + 이 → 덧니 [던니] --- 표기에 사이니은이 나타남

1. 합성어 중에서 한자어로만 합성될 때는 사이시옷을 적지 않아요.

표기 발음

ㅣ보기ㅣ 초+점 → 초점 [초쩜] : 초점 (○) 촛점(×)

시+구 → 시구 [시꾸] : 시구 (○) 싯구(×)

2. 그러나 우리말이 들어 있으면 사이시옷을 적어요.

ㅣ보기ㅣ 회(膾) + 집 → 횟집 [회쩜]----이것을 표기할 때 횟집(○) 회집(×)

예외 : 한자말 합성인데도 사이시옷을 표기해요. (6단어/암기 필수)

- 숫자, 셋방, 횟수, 찻간, 곳간, 툇간

| 보기 | 숫자 , 수자 ----- 구별이 안 되고 혼란스러움
횟수 , 회수 ----- 구별이 안 되고 혼란스러움
셋방, 세방 ----- 구별이 안 되고 혼란스러움

기본 연습

다음 낱말의 음운 변동이 사잇소리 현상이면 ○, 그렇지 않으면 X표를 하세요.

1. 봄비   (   )   11. 시냇가   (   )

2. 촛불   (   )   12. 횟집   (   )

3. 뱃사공   (   )   13. 기와집   (   )

4. 국물   (   )   14. 집안   (   )

5. 나뭇잎   (   )   15. 콩밥   (   )

6. 밤길   (   )   16. 참기름   (   )

7. 빨랫줄   (   )   17. 빨갛다   (   )

8. 솜이불   (   )   18. 초점   (   )

9. 덧니   (   )   19. 바느질   (   )

10. 강물   (   )   20. 숫자   (   )

실력다짐

가. 다음 문장에서 사잇소리 현상의 낱말을 찾아 ○표 하세요.

1. 창수가 옆에서 콧물을 자꾸 훌쩍거린다.

2. 마음에 드는 시구를 발견하면 가슴이 뜁니다.

3. 겨울에는 뜨끈한 솜이불이 최고야.

4. 나뭇잎이 바람을 타고 춤을 추네.

5. 촉촉한 봄비가 대지의 목마름을 달래주고 있다.

나. 다음 문장에서 사잇소리 현상 낱말을 찾고, 틀린 표기는 (　)에 바르게 고쳐 쓰세요.

1. 나무잎이 하나둘 떨어지는 가을이다. ·························· (　　　)

2. 농구 골대에 공 던지기 회수는 딱 3번이다. ················ (　　　)

3. 우리 식구끼리 회집에 온 것은 정말 오래되었죠. ·········· (　　　)

4. 전봇대에 '세방 구함'이 정말 많이 붙어 있는 거야. ········ (　　　)

5. 이가 흔들리는 건 이몸이 튼튼하지 못해서 그렇다. ········ (　　　)

6. 사진도 그렇지만 글도 초점이 또렷해야 한다. ·············· (　　　)

7. 번개불이 한 차례 번쩍하더니 하늘이 환하다. ·············· (　　　)

8. 찻간을 다니며 생수와 달걀을 나누어주었다. ·············· (　　　)

9. 배사공이 많으면 배가 산으로 간다. ························· (　　　)

10. 가사보다는 노래말이 더 정답지. ·························· (　　　)

08 구개음화

🌱 바탕 다지기

• 구개음화 : 구개음 아닌 'ㄷ, ㅌ'이 'ㅣ' 모음 앞에서 구개음 'ㅈ,ㅊ'으로 바뀌어 소리 남

| 보기 | 해돋이 [해도지] ━━━ 해 + 돋   +   이

끝소리 ㄷ(구개음 아님) ㅣ 모음(앞의 'ㅇ'은 음운이 아님. 소리 값 없음)

같이 [가치] ━━━ 같   +   이

끝소리 ㅌ(구개음 아님) ㅣ 모음(앞의 'ㅇ'은 음운이 아님. 소리 값 없음)

미닫이 [미다지] ━━━ 미 + 닫   +   이

끝소리 ㄷ(구개음 아님) ㅣ 모음(앞의 'ㅇ'은 음운이 아님. 소리 값 없음)

09 두음법칙

• 두음법칙 : 낱말의 첫소리(두음)에 'ㄹ'이나 발음이 힘든 게 오는 것을 피함

| 보기 | 로인(老人)　→　노인

첫소리(두음) 'ㄹ'을 'ㄴ'으로 고침

　　　　력사(歷史)　→　역사

첫소리(두음) 'ㄹ'을 'ㄴ'으로 고침

　　　　로동(勞動)　→　노동

첫소리(두음) 'ㄹ'을 'ㄴ'으로 고침

　　　　녀자(女子)　→　여자

첫소리(두음) 'ㄴ'을 탈락 시킴

북한은 두음법칙이 없음. (로동, 락원, 력사, 로인...)

09 된소리되기

• 된소리되기 : 두 자음이 이어질 때 뒤의 자음이 된소리로 바뀌어 소리 남

|보기| 먹고 [먹꼬] ----- 두 자음이 이어짐(앞의 'ㄱ'과 뒤의 'ㄱ')

----- 뒤의 'ㄱ'이 된소리 'ㄲ'으로 소리 남

입다 [입따] ----- 두 자음이 이어짐(앞의 'ㅂ'과 뒤의 'ㄷ')

----- 뒤의 'ㄷ'이 된소리 'ㄸ'으로 소리 남

활동 [활똥] ----- 두 자음이 이어짐(앞의 'ㄹ'과 뒤의 'ㄷ')

----- 뒤의 'ㄷ'이 된소리 'ㄸ'으로 소리 남

국밥 [국빱] ----- 두 자음이 이어짐(앞의 'ㄱ'과 뒤의 'ㅂ')

----- 뒤의 'ㅂ'이 된소리 'ㅃ'으로 소리 남

기본 연습

다음 낱말의 음운 변동이 구개음화이면 '구', 두음법칙이면 '두', 된소리되기에 해당하면 '된'을, 해당되지 않으면 × 표를 ( )에 적으세요.

1. 역사　　　　　(　)　11. 국밥　　　　　(　)

2. 노인　　　　　(　)　12. 닫고　　　　　(　)

3. 해돋이　　　　(　)　13. 닭　　　　　　(　)

4. 먹고　　　　　(　)　14. 꽃을　　　　　(　)

5. 입고　　　　　(　)　15. 입고　　　　　(　)

6. 끝이　　　　　(　)　16. (새 신을) 신고　(　)

7. 맏이　　　　　(　)　17. 활동　　　　　(　)

8. 부녀자　　　　(　)　18. 남·여　　　　　(　)

9. 낙원　　　　　(　)　19. 전력　　　　　(　)

10. 양심　　　　　(　)　20. 넣다　　　　　(　)

실력다짐

가. 다음 문장의 음운변동에서 구개음화를 찾아 ○표 하세요.

1. 예지야, 같이 도서관에 갈까?

2. 이 근방을 샅샅이 찾아보자.

3. 해돋이를 보려고 자동차 행렬이 끝이 없어요.

4. 대전까지 자가용으로 굳이 가야겠니?

5. 지난 홍수에 논밭이 물에 잠기고 말았다.

나. 다음 문장의 음운 변동에서 된소리되기 낱말에 ○표 하세요.

1. 요새는 옆집에 누가 사는지도 잘 몰라.

2. 소녀는 장미 한 송이를 받고 활짝 웃는다.

3. 시간에 쫓겨 일손이 많이 부족합니다.

4. 수업 시간은 길고, 놀이 시간은 짧다.

5. 장화를 신고 천천히 개울에 들어선다.

6. 잘 놀아야 마음도 자란다.

7. 노을은 내일을 위해 붉게 붉게 물든다.

8. 잠든 어둠을 깨우는 종소리.

9. 3.1절에 내리는 봄비는 독립투사의 눈물 같아요.

10. 사랑이 고장 난 시계처럼 멈추었구나.

11. 명수가 문을 쾅 닫고 나갔어요.

12. 돼지 국밥이 참 맛있네요.

13. 짝사랑은 못이다. 박을 땐 쉽지만 뺄 때는 힘들다.

14. 한쪽 다리가 없는 의자처럼 마음이 기우뚱하다.

15. 어느 학교에서나 가끔 생기는 일이 아닐까요?

16. 시골 장날을 둘러보는 게 참 정겹구나.

17. 봉사 활동이 유쾌할 수도 있네요.

18. 예의는 몸과 마음을 바르게 하는 게 첫째야.

19. '실패'는 다시 하라는 명령입니다.

20. 성적은 미끄럼틀이야. 내려가긴 쉬운데 올라가긴 어려워.

다. 다음 낱말이 두음법칙에 해당하면 ( )에 ○표, 아니면 ×표 하세요.

1. 여자　　　（　　）　　6. 불량　　　（　　）

2. 남자　　　（　　）　　7. 낙원　　　（　　）

3. 경로석　　（　　）　　8. 허락　　　（　　）

4. 노인　　　（　　）　　9. 노동　　　（　　）

5. 남녀　　　（　　）　　10. 역사　　　（　　）

7

문장이 줄 맞추어 소풍을 가네

-맞춤법과 띄어쓰기-

마중물1

해마루 | 다음 문장에서 단어 개수와 형태소 개수를 적어볼까.

　　* 우리 선생님은 아이들에게 인기가 높다.

　　-- 단어의 개수　(　)개

　　-- 형태소의 개수　(　)개

단단 | 선생님, 단어의 개수는 제가 할래요.

단어 개수는 모두 (8) 개입니다.

　　우리　/　선생님　/　은　/　아이들　/　에게　/　인기　/　가　/　높다

　　(대명사)　(명사)　　(조사)　(명사)　　(조사)　　(명사)　(조사)　(형용사)

해마루 | 국어 천재 탄생! 축하 축하!

영영 | 단단이는 좋겠다.

선생님, '형태소' 개수는 제가 해볼게요.

보니까 형태소 개수는 모두 (11) 개입니다.

　　우리　---　대명사　---　형태소 1개

　　선생님　---　선생(어근)+ 님(접사)　---　형태소 2개

　　은　　---　조사　---　형태소 1개

　　아이들에게　---　아이(명사) + 들(접사) + 에게(조사)　---　형태소 3개

　　인기가　---　인기(명사) + 가(조사)　---　형태소 2개

238

높다 --- 높(어간) + 다(어미) --- 형태소 2개

해마루 | 아니, '아이들'에서 '들'이 접사인 것은 어떻게 알았지? 내가 가르쳐준 적이 없는데 말이야. 정말 놀랍군.

영영 | 넵, 죄송해요. 안 배운 것도 알아버려서 제가 더 배울 게 없어요. 호호호, 농담이에요.

앞에 나오는 '아이'가 명사니까 여기의 '들'이 어간이나 어미는 분명 아닐 테고, 또 들판을 뜻하는 '들'도 아니고 하니까 이 '들'은 '접사'일 수밖에 없지요.

형태소는 '뜻'을 가지고 있다고 했으니까 '들'은 아마도 여러 '복수'의 뜻을 나타내는 게 아닌가 싶어요. '아이'하고 '아이들'은 분명히 뜻이 차이가 나잖아요. 그러니까 '들'은 형태소가 되는 거라고 보았지요. 또 '명사'에 붙었으니까 여기 '들'은 접사일 수밖에 없지 않겠어요?

단단 | 와우 대단해. 영영은 배우지 않아도 알아버리네. 똑똑이 천재가 따로 없구나.

해마루 | 하하하 정말 대단하구나.

이것은 중학생 국어 수준을 훨씬 넘어서는데. 영영은 천재가 분명해.

단단 | 헤헤헤 우리가 이제 더 배울 것이 없지요?
선생님, 앞으로는 그냥 놀면 되나요?

해마루 | 아니, 아직도 국어 공부할 게 많아. 많고말고.
  국어 공부는 인생 공부와 비슷해. 인생 공부는 끝없이 계속되잖아. 국어 공부도 그래. 다만 나이에 걸맞은 생활이 있듯이 우리에게 알맞은 국어 공부가 있겠지? 그런데 사실 〈똑똑이 국어문법〉에서 지금껏 우리가 함께 배운 것은 기초 수준을 훌쩍 뛰어넘는 것들이 참 많았어.

단단 | 그러면 선생님은 우리에게 왜 수준을 훨씬 넘어서는 어려운 것도 가르쳐 주셨나요?
초급자한테 맞는 것만 가르쳐도 되는데, 지금껏 공연히 우리를 힘들게 하신 거잖아요.

해마루 | 하하하 그건 말이지, 어려운 걸 배워 놓아야 쉬운 게 더 쉬워지거든. 대학생의 실력과 시선으로 어린이를 보면 어떨까? 쉽겠지. 많이 쉽지 않겠어? 정말 굉장히 쉬울 거야. 우리가 지금 하고 있는 〈똑똑이 국어문법〉의 공부 방식이 바로 그걸 겨냥하고 있다고 할 수 있거든. 높은 산에 올라서 멀리 내려다보는 것 말이야.

영영 | 아니, 그러면 이것도 일종의 선행학습이네요. 선생님은 선

행학습을 반대하셨잖아요? 그런데 어째서 우리더러 지금 선행학습을 권장하시는가요? 혼란스러워요.

해마루 | 영영아, 그건 아냐. 지금 우리가 하는 문법 공부는 선행학습이라기보다는 근본 뿌리를 들여다보는 공부란다. 숲과 나무를 동시에 바라보는 훌륭한 공부 방법이라고 나는 자부하지. '어간과 어미'를 나누어본다든지, 품사를 하나하나 따져본다든지, '형태소' 분석을 해 본다든지 하는 게 초급자들에게는 꽝장히 어렵고 힘든 과제라는 걸 나도 잘 알아. 그러나 이 과정을 거치면 누구나 국어 공부의 근본을 튼튼하게 다질 수가 있는 거지. 안 할 말로 국어 천재가 되는 길이 바로 여기에 있어. 내가 그것 하나는 장담할게. 나를 믿고 군소리 없이 여기까지 잘 따라와 준 너희들이 고맙고 대견하고 기특하고 자랑스러울 뿐이야. 나는 너희들을 사랑하고 또 사랑한단다. 하하하

단단 | 헤헤헤 그건 그래요. 처음 저도 국어 문법이 너무 어려워서 힘들었는데, 공부하면 할수록 실력이 내 키처럼 무럭무럭 자라는 것 같아서 기분이 매우 좋았어요. 이제는 책을 읽으면서 혹은 국어 공부를 하면서 낱말이나 문장을 만나는 게 하나도 두렵지 않아요. 오히려 재미있는 모험 세계를 찾아 떠나는 것 같은 설렘이 있어 참 좋아요.

영영 | 오죽하면 단단조차 국어 천재가 될 성 하겠어요? 하늘나라

에서 전학 온 지 얼마나 됐다고요. 일 년도 아직 되지 않았잖아요. 이게 다 선생님 덕분이 아닐까 해요.

해마루 | 하하하 겸손의 말들을... 인성이 올바르게 잘 움터났구나, 너희들. 고맙구나.

　아니, 그래도 그건 아냐. 너희들이 국어 공부에, 그리고 인성 돋움에 온 정성과 힘을 다 쏟았기 때문이지. 배우는 사람이 배울 마음이나 배울 자세가 갖추어 있지 않으면 절대로 잘 가르칠 수 없는 게 바로 공부 세계야. 오히려 너희들에게 내가 배운 게 훨씬 더 많았지. 순수함과 열정. 내가 되레 고마워. 단단아, 영영아, 고마워.

단단, 영영 | 아니요 선생님, 잘 가르쳐 주셔서 정말 고맙습니다.

해마루 | 하하하 정말 좋은 일이야. 기쁘고 행복한 일이지.

　지금껏 우리는 문법에 꼭 필요한 공부는 얼추 한 셈이야. 물론 국어 공부가 할 게 참 많거든. 남은 건 다음에 또 배우기로 하자고. 여기서는 마지막으로 여러분이 꼭 알고 싶어 하는 것 한 개만 보너스로 더 배우도록 하자꾸나. 얘들아, 지금 공부하고 싶은 것 콕 찍어서 한 개만 퍼뜩 말해보렴.

단단 | 저는 '띄어쓰기'를 알고 싶어요. 한글 띄어쓰기가 너무 어려워요.

영영 | 예, 저도 단단하고 같아요. '띄어쓰기' 공부 찬성합니다. 이 게 쉬운 듯해도 굉장히 복잡하고 까다로워요. 어른들도 잘 몰라요. '띄어쓰기'를 지금 당장 배우고 싶습니다. 선생님, '띄어쓰기'를 지금 가르쳐 주세요.

해마루 | 하하하 알았다. '띄어쓰기'로 우리가 마무리를 멋지게 장식해 보자꾸나.

띄어쓰기는 말 그대로 글자를 띄어 쓰는 것인데, 여기에는 대원칙이 있어. 그게 뭐냐 하면 '모든 낱말은 다 띄어 쓴다.' 이거야. 이것만 명심하면 돼. 다만 조사는 앞말에 붙여 쓰는 거지. 띄어쓰기 공부는 이게 다야. 이게 전부지. 낱말이란 낱말은 모두 띄어 쓰면 돼. 조사는 앞말에 붙여 쓰고 말이지. 이것만 알면 돼. 자한번 따라해 볼까?

"낱말은 모두 띄어 쓰고 다만 조사는 붙여 쓴다."

단단, 영영 | (크게) "낱말은 모두 띄어 쓰고 다만 조사는 붙여 쓴다."

해마루 | 한번 더! 크게.

단단, 영영 | "낱말은 모두 띄어 쓰고 다만 조사는 붙여 쓴다."

해마루 | 우리가 앞에서 품사 공부, 단어 공부를 다 했잖아. 그러니까 띄어쓰기가 어려울 게 하나도 없어. 쉬워. 쉬워도 너무 쉬워.

단어란 단어는 다 띄어 쓰면 되는 거야. 단, '조사'라면 앞말에 붙여주고 말이지. 그래서 '조사'를 정확히 알면 띄어쓰기는 언제나 100점을 받을 수가 있어. 자 이 정도면 우리말 '띄어쓰기'가 쉬워, 어려워?

🙂 단단 | 넵, 쉬워요. 매우 쉬워요. 엄청 쉬워요. 많이 쉬워요. 대단히 쉬워요. ㅋㅋ

😎 해마루 | 하하하 좋아 좋아! 국어문법 공부가 정말 어려웠는데, 얘들아, 정말 고생 많았다.
오늘은 머리도 좀 식히면서 '띄어쓰기'를 공부해 볼 거야.

😊 영영 | 아유유, 그래도 나는 싫어요. 그 골치 아픈 띄어쓰기!

😎 해마루 | 아니 아니, 그렇지 않아. 띄어쓰기는 품사를 잘 알면 되거든. 앞에서 우리가 품사 공부를 정말로 열심히 했잖아. 그걸로 충분해. 띄어쓰기 공부가 벌써 다 된 거나 마찬가지야. 여기서는 그걸 확인만 하면 돼. 정말이야.

01 맞춤법

현재의 한글 맞춤법은 1933년에 만들어진 '한글 맞춤법 통일안'을 기본으로 하고 있어요.

이것은 한글로 우리말을 적을 때의 규칙을 정한 것입니다.

(1항부터 57항까지 있음)

맞춤법 규칙을 정해놓지 않으면 우리말을 한글로 적을 때 엉망진창이 되겠죠?

🔍 실력 돋보기

한글 맞춤법 제 1항

한글 맞춤법은 표준어를 소리대로 적되, 어법에 맞도록 함을 원칙으로 한다.

|보기| 오늘 같은 날은 （ ○ ）

오늘 가튼 나른 （ × ）

으뜸 （ ○ ）

으듬 （ × ）

멋쟁이 （○）
멋장이 （×）

한글 맞춤법 제 15항

종결형에서 사용되는 어미 '–오'는 '요'로 소리 나는 경우가 있더라도
그 원형을 밝혀 '오'로 적는다.

|보기| 어서 오십시오. （○）
      어서 오십시요. （×）

해마루 톡톡

한글 맞춤법 규정은 마치 교통 신호등과 같아요. 길거리에 신호등이 없다면 어떻
게 될까요?
한글 맞춤법을 정해놓지 않으면 낱말 쓰기와 문장 쓰기가 제대로 안 되고, 띄어
쓰기 원칙도 없어 우리 말글살이가 불편하고 고통스러울 수밖에 없어요.

|보기| 누나가방에드러가이부를펴따. ⇒ 누나가 방에 들어가 이불을 폈다.
                           한글 맞춤법 규정에 따름(보기 좋고 읽기 좋음)

기본 연습

맞춤법 표기에 맞으면 ○, 아니면 X표를 하세요.

1. 어서 오십시오　　(　　)　　11. 삐지다　　　　(　　)

2. 안녕히 가십시요　(　　)　　12. 품새　　　　　(　　)

3. 수컷　　　　　　(　　)　　13. 맨날　　　　　(　　)

4. 암퇘지　　　　　(　　)　　14. 굽이굽이　　　(　　)

5. 수탉　　　　　　(　　)　　15. 노을　　　　　(　　)

6. 멋장이　　　　　(　　)　　16. 외우다　　　　(　　)

7. 웃어른　　　　　(　　)　　17. 이쁘다　　　　(　　)

8. 윗니　　　　　　(　　)　　18. 가엾다　　　　(　　)

9. 대장쟁이　　　　(　　)　　19. 쇠고기　　　　(　　)

10. 짜장면　　　　　(　　)　　20. 잎새　　　　　(　　)

실력다짐

가. 둘 중에서 맞춤법에 맞는 것에 ○표 하세요.

1. 숙제도 (안 하고 / 않 하고) 뭐하니?

2. 창수야, 오늘이 4월 (몇일 / 며칠)이니?

3. 특히 발명품을 잘 (만듦 / 만듬)

4. (전셋집 / 전세집)을 알아보고 있어요.

5. (한국인으로서 / 한국인으로써) 자긍심을 갖자.

6. 회비를 (안 낸 / 않 낸) 사람은 내일까지 내세요.

7. 내가 다시 (보내줄게 / 보내줄께)

8. 밥부터 (먹을걸 / 먹을껄) 그랬어.

9. (위층 / 윗층)에 누가 새로 이사를 왔어요.

10. 엄마, 오늘 (설거지 / 설겆이)는 내가 할게요.

나. 밑줄 친 것이 맞춤법에 맞으면 ○, 아니면 ×표를 하세요.

1. 그 아이는 <u>욕심장이</u>가 틀림없어.　　　　　(　　　)

2. <u>치솔질</u>을 잘해야 이가 건강하지.　　　　　(　　　)

3. 저녁<u>노을</u>이 황홀하구나.　　　　　　　　　(　　　)

4. 도착해서 바로 <u>전화할게</u>.　　　　　　　　(　　　)

5. <u>아지랭이</u> 같은 게 모락모락 피어난다.　　　(　　　)

02 띄어쓰기

현재의 한글 맞춤법은 1933년에 만들어진 '한글 맞춤법 통일안'을 기본으로 하고 있어요.

한글로 우리말을 적을 때의 규칙을 정한 것입니다.(1항부터 57항까지 있음)

 맞춤법 규칙을 정해놓지 않으면 우리말을 한글로 적을 때 엉망진창이 되겠죠?

🔍 실력 돋보기

한글 맞춤법 제 2항

문장의 각 단어는 띄어 씀을 원칙으로 한다.

| 보기 | 산뜻하게 밝은 옷이 참 잘 어울리는구나. (○)

산뜻하게밝은옷이 참잘 어울리는 구나. (×)

- 낱말이란 낱말은 모두 서로 띄어 쓰고, 다만 조사는 앞말에 붙여 쓴다.
- 그러니까 '조사'를 정확히 알면 띄어쓰기는 언제나 100점!

|보기| 오늘은가족과함께기차여행을떠났다.
⇒ 오늘은/ 가족과/ 함께/ 기차/ 여행을/ 떠났다.
  ('은':조사) ('과':조사)   ('을':조사)
아이는모름지기꽃으로도때리지말아야한다."
⇒ 아이는/ 모름지기/ 꽃으로도/ 때리지/ 말아야/ 한다.
  ('는':조사)   ('으로':격조사, '도':보조사)

기본 연습

다음 표현에서 띄어쓰기가 모두 바르면 ○, 틀렸으면 X표를 하세요.

1. 꽃으로 만든 음식 　　　　　　　　　　　(　　)

2. 야, 이 감이 참 맛있겠구나. 　　　　　　(　　)

3. 우리집에 손님이 많이 오셨다. 　　　　　(　　)

4. 잘익은 고기가 입에 살살 녹아요. 　　　　(　　)

5. 또 다시 오월이 향기롭게 피어났다. 　　　(　　)

6. 쉬리는 물이 깨끗한 곳에서 살아요. 　　　(　　)

7. 더 발전할수 있도록 노력합시다. 　　　　(　　)

8. 식량이 떨어질것에 대비해야 합니다. 　　(　　)

9. 석양 무렵에 어떤이가 보건소를 방문했어요. 　　(　　)

10. 한결아, 형이 시험 잘 볼 수 있게 기도 좀 해라. 　(　　)

11. 아침에 일찍 깨어나서 그런지 하루가 무척이나
    상쾌했어요.   (   )
12. 양말 한 짝이 어딜 갔을까?   (   )
13. 담너머로 해바라기가 활짝 웃는다.   (   )
14. 나는 저 봄비처럼 희망을 전하는 이가 되고 싶어요. (   )
15. 큰 키를 자랑하는 기린이 살짝 부러웠다.   (   )
16. 골목 입구에는 주민들의 이야기꽃이 한창이다.   (   )
17. 자전거타기나 줄넘기같은 운동이 딱 좋지.   (   )
18. 한 달 방학이 토끼 꼬리처럼 짧아요.   (   )
19. 작은일에도 고마운마음을 가집시다.   (   )
20. 라면은 먹어도자꾸먹어도 항상 맛있다.   (   )

실력다짐

가. 둘 중에서 띄어쓰기에 맞는 것에 ○표 하세요.

1. 숙제를 (안 하면 / 안하면) 맘이 편하니?

2. 나래야, 오늘부터 간식을 (먹지 말고 / 먹지말고) 버텨보자.

3. (잘생기지못한 나무가 / 잘생기지 못한 나무가) 고향 산을 지킨다.

4. (집에 가자마자 / 집에 가자 마자) 쓰러져 잤어요.

5. 밥을 (먹든지 말든지 / 먹든지말든지) 건강을 잘 챙겨라.

6. 회비를 (안낸 / 안 낸) 사람은 손을 들어보세요.

7. 암퇘지가 수퇘지보다 (훨씬더 / 훨씬 더) 맛있거든.

8. 아주머니가 (이거 너 주라고 / 이거 너주라고) 하셨어.

9. (그 모습을 보니 / 그모습을 보니) 마음이 짠해졌어요.

10. 오늘은 (엄마를 따라 집 앞 슈퍼에 / 엄마를따라 집앞슈퍼에) 구경을 갔습니다.

나. 띄어쓰기가 바른 곳에 ○표를 하세요.

1. 이 동물원에 타조가 모두 (몇 마리에요? / 몇마리에요?)

2. 겨울에 (먹을 수 있는 / 먹을수 있는) 과일이 뭐가 있지?

3. (일기를 꾸준히 쓰는게 / 일기를 꾸준히 쓰는 게) 좋아요.

4. 창수는 관장님께 (인사한 뒤 / 인사한뒤) 바람처럼 도장을 빠져 나왔다.

5. 고향의 소중함은 말로 설명이 (안될 정도다. / 안 될 정도다.)

마중물2

해마루 | 좋아, 아주 훌륭해. 다 맞았네. 2번은 영영이 한번 해 볼까?

영영 | 네, 제가 한번 풀어보겠습니다.

> "사람은모름지기꽃으로도때리지말아야한다."
> → 사람은/ 모름지기/ 꽃으로도/ 때리지/ 말아야/ 한다.
>   ('은'조사)   ('으로'격조사, '도'보조사)

해마루 | '모름지기'가 무슨 뜻이지?

영영 | 정확한 뜻은 모르겠어요. 품사는 '부사'가 아닐까 해요.

단단 | 경상도 말로 '우짜든지'라는 뜻 아니에요?

해마루 | 이런 건 낱말 뜻을 찾아서 바로 정리를 하도록 해라. 그게 바로 진정한 낱말 공부야. 낱말을 많이 알고 마음대로 부려 쓸 수가 있어야 진정한 국어 천재가 되는 것이지. 사람은 두 종류가 있어. '모름지기'를 알고 써먹는 사람과 '모름지기'를 알지 못하고 써먹지 못하는 사람 – 이렇게 두 종류의 인간이 지구에 함께 사

는 거지, 하하하.

🧑 단단 | 선생님, 3번 문제는 저한테 맡겨주세요. 제가 잘 할 자신이
있거든요.

"파란하늘이붉게물드는저녁 무렵에어떤이가우리집을방문했다."
→ 파란/ 하늘이/ 물드는/ 저녁/ 무렵에/ 어떤이가/ 우리집을/ 방문했다.
('이' 조사)　　　　　　('에'조사)　('가'조사)　('을'조사)

🧑 해마루 | 잘 했는데, 어째 틀린 부분이 보이는데 참 어떡하지?
'띄어쓰기'의 대원칙이 뭐라고 했지? 모든 낱말은 다 띄어 쓴다
고 했잖아.
다시 한 번 잘 보라고. 다른 낱말이다 싶으면 무조건 띄어 써야
지.

🧑 단단 | 아항, 그렇구나. 잠깐 착각했어요. '어떤'하고 '이'는 다른
말이네요. 띄워야겠어요.

어떤이가 → 어떤/ 이가

🧑 해마루 | 그렇지. 바로 그거야. 아주 잘했어. 자 이만하면 다 되었겠
지?
영영아, 뭐 미심쩍거나 불만족스러운 데가 아직도 있니?

🧑 영영 | 네, 아직 한 군데가 남은 것 같은데요. '우리집을' 이게 어떻

게 되는 거예요. '우리'하고 '집'은 전혀 다른 단어잖아요. 그러면 띄어 써야 하지 않나요? '우리'는 대명사이고 '집'은 명사이고, 그러면 둘을 띄어서 써야 하지 않나요?

👦 단단 | 에고공, 듣고 보니 그렀네. 내가 잘못했네요. 제가 후딱 고칠게요.

우리집을 → 우리/ 집을

👨 해마루 | 아따, 단단이가 동작이 잽싸구나. 잘못을 인정하는 것도 빛의 속도로 빠르고 말이야. 좋아, 훌륭해. 아주 좋은 일이야. 잘못을 인정하고 금세 고치다니 - 이러면 발전 가능성이 있어. 바다와 같아. 마음가짐이 아주 넓고 크고 깊고 푸르고 좋아.

👧 영영 | 선생님, '띄어쓰기'에서 또 조심해야 할 것이 이제 없나요?

👨 해마루 | 왜 없을까? 있고말고. 한꺼번에 말하면 여러분이 힘들어할까 봐 몰래 숨기고 있었거든. 사실은 '띄어쓰기'에서 가장 어려운 게 남아 있어. '의존 명사'라는 게 있는데 이건 1글자 또는 2글자 명사야. 의존 명사는 반드시 띄어 써야 해. 그런데 이건 분명히 외우고 있어야 하거든. 그래도 의존 명사가 개수로 몇 개 되지 않아. 웬만큼 우리가 외울 수 있지.

👧 영영 | 선생님, 빨리 말씀해 주세요. 궁금해요. 의존 명사는 어떤

게 있나요?

해마루 | 수, 바, 것, 체, 따름...

　누구나 이 정도만 알고 있으면 돼. '수, 바, 것, 체, 따름' 한번 따라해 볼까?

단단, 영영 | "수, 바, 것, 체, 따름"

단단 | "수, 바, 것, 체, 따름" 그런데 이걸 왜 '의존 명사'라고 하나요?

해마루 | 이 의존 명사 앞에는 반드시 꾸며주는 말이 오거든. 의존 명사 앞에는 반드시 문장성분 관형어가 와. 관형어에 의존하기 때문에 이것들을 '의존명사'라고 국어학자들이 이름 붙인 거야.

영영 | 보기 문장을 보여 주세요. '수, 바, 것, 체, 따름'요!

해마루 | 알 수 없는 두려움
　내가 원하는 바는 ('는' 조사)
　움직이는 것이 ('이'는 조사)
　모르는 체 고개를 돌렸다.
　고마울 따름입니다. ('입니다'는 서술격 조사)

🙂 단단 | 넵, 알겠습니다.

정말 이것들은 앞말과 띄어 썼네요. "수, 바, 것, 체, 따름"

😎 해마루 | 물론 의존 명사로는 낱말들이 많이 더 있어. 그렇지만 대표적으로 이 5개만 외워두면 한국인으로서는 국내 최고의 실력자가 되는 거지.

🙂🙂 단단, 영영 | 우리는 선생님을 믿습니다. 존경합니다. 사부님 만세!

😎 해마루 | 하하하 얘들아, 왜 이러니? 내가 기분은 좋다만서도...

'띄어쓰기' 최고의 고급 문제를 하나 풀자.

그리고 조금 후에 〈똑똑이 국어문법〉 공부를 1차로 마치기로 하자꾸나.

얘들아, 다음 문장을 바르게 띄어쓰기 해 보렴.

"책이없던아주먼옛날에는지식이나정보같은것들은모두사람의기억속에담아서전달했습니다."

🙂 단단 | 넵, 제가 멋지게 마무리를 해보겠습니다.

책이/ 없던/ 아주/ 먼/ 옛날에는/ 지식이나/ 정보/ 같은/ 것들은/
('이'조사)   ('에는'조사) ('이나'조사）   ('은'조사)

모두/ 사람의/ 기억/ 속에/ 담아서/ 전달했습니다.

('의'조사)　　('에'조사)　　(전달하 + 았 + 습니다)

해마루 | 두두둥~축하해, 합격이야!

조사는 붙이고 각 낱말은 모두 띄운다.

영영 | 어머나, 단단 멋지다. 100점 맞았네. 축하 축하, 호호호 새 국어 천재 만세~

03 띄어쓰기 집중 연습

● 밑줄 친 부분의 띄어쓰기를 바르게 해 볼까요.

① 집에 돌아오면 몹시 피곤했지만 <u>창수는낱말을익혔어요.</u>

    ⇒ 창수는 / 낱말을 / 익혔어요.

           (조사)   (조사)

② 나는 <u>동생과함께집앞꽃밭에</u> 들렀습니다.

    ⇒ 동생과 / 함께 / 집 / 앞 / 꽃밭에

        (조사)   (조사)

③ <u>가로수가집주위에무척많았습니다.</u>

    ⇒ 가로수가 / 집 / 주위에 / 무척 / 많았습니다.

          (조사)   (조사)

④ <u>그모습을보니마음이참편안했습니다.</u>

    ⇒ 그 / 모습을 / 보니 / 마음이 / 참 / 편안했습니다.

관형사(지시 관형사) (조사)   (조사)   기본형: 편안하다(형용사)

⑤ 꽃밭을 <u>더아름답게가꿀수있습니다.</u>

    ⇒ 더 / 아름답게 / 가꿀 / 수 / 있습니다.

    (부사)   (동사) 기본형은 '가꾸다'. 의존명사

⑥ 부스러기같은것을발견할때도있었어.

　　⇒ 부스러기 / 같은 / 것을

　　　　　　것: '같은'과 전혀 다른 낱말임. 의존명사 (띄어쓰기) --- 을(조사)

　　⇒ 발견할 / 때도 / 있었어 --- "때도'는 명사에 조사가 붙은 것임
　　(품사는 동사.기본형은 '발견하다')

⑦ 예지야, 너희 어머니께서 이거너주라고하셨거든.

　　⇒ 이거 / 너 / 주라고 / 하셨거든.
　　　　　　　조사(인용격 조사)

⑧ 민화는 옛날사람들이널리사용하던 그림이에요.

　　⇒ 옛날 / 사람들이 / 널리 / 사용하던 / 그림이에요.
　　　　　　　(조사)　　(동사) 기본형은 사용하다　(조사) 기본형은 '이다'

⑨ 학원갈시간다됐구나!

　　⇒ 학원 / 갈 / 시간 / 다 / 됐구나
　　　　(명사) (동사: 기본형은 '가다') (명사)　　(부사) (동사: 기본형은 '되다')

⑩ 잠좀편하게자는게 내 소원이야.

　　⇒ 잠 / 좀 / 편하게 / 자는 / 게
　　　　　　　　　　'것이'의 준말. 것(의존명사) + 이(조사)

⑪ 앞산꼭대기에서부터산아래우리집까지 걸을 수 있겠니?

　　⇒ 앞산 / 꼭대기에서부터 / 산 / 아래 / 우리 / 집까지
　　　　　　　　(조사) (조사)　　　　　　　　　　(조사)

● 다음 문장을 바르게 띄어쓰기하고 낱말들의 품사를 밝혀볼까요.

① 야, 저감참맛있겠다!

⇒ 야 / 저 / 감 / 참 / 맛있겠다.

감탄사 관형사(지시) 명사 부사   형용사(기본형은 '맛있다')

② 창수가담너머에있는감을가리키며말했습니다.

⇒ 창수가 / 담 / 너머에 / 있는 / 감을

명사+조사   명사 명사+조사 형용사(기본형은 '있다') 명사+조사

/ 가리키며   /   말했습니다.

동사(기본형은 '가리키다')   동사(기본형은 '말하다')

'수, 바, 것, 체, 따름…' 같은 의존 명사는 앞말과 반드시 띄어쓰기를 하지요.
그러나 이것들을 꼭 외울 필요는 없어요. 왜냐 하면 조사를 제외하고 우리말
낱말은 몽땅 띄어쓰기를 하거든요. 이 원칙만 안다면 띄어쓰기가 큰 어려움이
없는 거죠.
사실은 '수, 바, 것, 체, 따름…'과 같은 것이 의존 명사인지 몰라도 돼요. 이게
앞말과는 분명히 다른 낱말이기 때문에 당연히 띄어쓰기를 할 수밖에 없어요.
그러니까 우리말 띄어쓰기에서는 조사를 분명히 기억하는 것 – 이게 제일 중
요해요.

기본 연습

띄어쓰기가 맞으면 ○, 틀리면 X표를 하세요.

1. 좋은 옷을 입으면 사람이 돋보인다.　　　　　（　　）

2. 봄비는 새싹들의 젖줄이 틀림없어요.　　　　（　　）

3. 어두운밤 골목귀퉁이에 서서 가로등이 졸고 있다.　（　　）

4. 이세상 누구도 그사람을 미워하지 않습니다.　（　　）

5. 창수는 제법 선생님 흉내를 낼 줄 안다.　　（　　）

6. 그는 휴대폰이 세 개나 된다.　　　　　　　（　　）

7. 예지는 배고픈 걸 정말 잘 참는다.　　　　（　　）

8. 글을 읽을때면 문득 정신이 맑아진다.　　　（　　）

9. 자꾸 내몸이 빙글빙글 도는 느낌입니다.　　（　　）

10. 잉크가 거의 남지않았군요.　　　　　　　（　　）

11. 나는 어느 산의 이름 없는 바위입니다.　　（　　）

12. 흰 종이에 까만 글씨가 숲을 이루었다.　　（　　）

13. 시를 읽는 것은 세상의 좋은 책을 다 읽는 것과 같아요.　（　　）

14. 겨울이 되면 바람이 말을 하고 숨을 쉬는 것 같다.　（　　）

15. 선생님은 우리들에게 꿈의 씨앗을 하나씩 나누어 주셨다.（　　）

16. 여자는 약하지만 어머니는 강하다.　　　　（　　）

17. 소녀의 까만 눈동자가 초롱초롱 빛난다.　　（　　）

18. 파란 바다와 하얀 구름은 마치 한 폭의 그림이었지.　（　　）

19. 이번에는 정말 생일상을 근사하게 차리고 싶다.　（　　）

20. 그일은 하기가 쉽지 않을겁니다.　　　　　（　　）

실력다짐

가. 둘 중에서 띄어쓰기가 옳은 것에 ○표 하세요.

1. (돋보이게 할뿐만 아니라 / 돋보이게 할 뿐만 아니라) 먹기에도 좋았다.

2. (치즈와 피자 등 / 치즈와 피자등) 서양식 재료가 꽤 많다.

3. (책을 읽고 느낀점을 / 책을 읽고 느낀 점을) 한 줄 시로 표현해 보자.

4. (책 속 인물 역할을 / 책속 인물 역할을) 누가 할까?

5. (한 사람씩 돌아가며 / 한사람씩 돌아가며) 의견을 발표합시다.

6. 마을 이름은 듣기에도 (정이 갔다. / 정이갔다.)

7. 그는 이 마을에 (오랫동안 / 오랫 동안) 살아왔어요.

8. 엄마, (저 차는 누구 거예요? / 저차는 누구거예요?)

9. 한 그릇 먹고(더 먹어도 돼요? / 더먹어도 돼요?)

10. (방긋웃는 꽃잎 마다 / 방긋 웃는 꽃잎마다)

나. 띄어쓰기가 바른 곳에 ○표를 하세요.

1. 우리 학교 운동장은 (축구를 할 수 없을 정도로 / 축구를 할수없을 정도로)
   조그마해.

2. (이버스를 타면 / 이 버스를 타면) 박물관에 가나요?

3. (축구야말로 / 축구 야말로) 인류 최고의 스포츠가 아닐까?

4. 이 정도 감기는 조심하면 되지. (약을 안먹어도 돼. / 약을 안 먹어도 돼.)

5. 김다연은 글쎄, 다달이 (책 다섯 권을 / 책 다섯권을) 읽는대.

8
정답과 해설

1. 아홉 색깔 무지개를 찾아라 -품사 이야기

01 명사

22쪽 《기본 연습》

1	○	6	○	11	×	16	○
2	○	7	○	12	○	17	×
3	○	8	○	13	○	18	○
4	×	9	○	14	×	19	○
5	×	10	○	15	○	20	○

23쪽 《실력다짐》

	가		나		다		
1	손님	1	1개=비	1	1	6	2
2	진달래	2	1개=눈	2	3	7	2
3	기쁨	3	3개=창수, 빵, 우유	3	1	8	3
4	눈	4	3개=한글, 대한민국, 자랑	4	3	9	1
5	우산	5	2개=토요일, 라면	5	3	10	2

02 대명사

25쪽 《기본 연습》

1	×	6	×	11	×	16	×
2	○	7	○	12	×	17	○
3	×	8	×	13	×	18	×
4	○	9	×	14	×	19	○
5	○	10	×	15	○	20	○

25-26쪽 《실력다짐》

	가		나		다		
1	창수, 그것	1	1개=그	1	지	6	인
2	저곳	2	1개=나	2	인	7	지
3	여기	3	3개=저기, 그것, 너희	3	인	8	인
4	나	4	0개	4	지	9	인
5	우리	5	1개=그곳	5	인	10	인

03 수사

28쪽 《기본 연습》

1	○	6	○	11	○	16	×
2	○	7	○	12	○	17	×
3	×	8	○	13	○	18	×
4	○	9	○	14	○	19	×
5	○	10	×	15	×	20	×

28-29쪽 《실력다짐》

	가		나		다		
1	셋, 둘	1	1개=둘째	1	서	6	양
2	다섯, 넷	2	1개=일곱	2	양	7	서
3	아홉	3	1개=둘	3	양	8	양
4	하나	4	2개=셋, 하나	4	양	9	양
5	팔, 육	5	1개=첫째 한 명이 : '한'은 관형사(수관형사)임.	5	서	10	양

04 동사

31쪽 《기본 연습》

1	×(명사)	6	○	11	○	16	×(형용사)
2	×(형용사)	7	○	12	×(부사)	17	×(명사)
3	○	8	×(명사)	13	○	18	○
4	×(형용사)	9	×(부사)	14	×(부사)	19	○
5	×(명사)	10	×(명사)	15	×(명사)	20	×(형용사)

31-32쪽 《실력다짐》

	가		나		다	
1	샀다=(기) 사다	1	1개=나왔다	1	×	동사는 여러 형태로 활용함
2	보렴=(기) 보다	2	1개=간다	2	×	동사는 형용사와 함께 용언임
3	들어왔다=(기) 들어오다	3	2개=타고, 가라	3	×	움직임을 나타내는 낱말은 동사임
4	쏟아집니다=(기) 쏟아지다	4	1개=보전하세	4	×	'먹어서'의 품사는 동사임
5	가네=(기) 가다	5	1개=살았다	5	×	동사는 문장에서 기본형 또는 활용형으로 나타남

05 형용사

34쪽 《기본 연습》

1	○	6	×(동사)	11	○	16	×(명사)
2	×(명사)	7	×(명사)	12	○	17	×(수사)
3	×(명사)	8	×(명사)	13	×(명사)	18	×(동사)
4	○	9	×(명사)	14	×(부사)	19	×(동사)
5	○	10	×(명사)	15	○	20	○

※ 19. ×=동사   피동사, 사동사는 그 자체로 기본형에 들어감.   (보기) 잡히는 → 기본형: 잡히다(피동○) 잡다(×)
세워 → 기본형 : 세우다(사동○) 서다(×)

34-35쪽 《실력다짐》

	가		나		다
1	환한=(기) 환하다	1	2개=고운, 아름다운	1	동사
2	× (기) 반짝이다 : 동사	2	0개=(기)들리다 – 동사	2	기본형, 으뜸꼴
3	× (기) 넘치다 : 동사	3	1개=맛있는	3	용언
4	어둡구나=(기본형) 어둡다	4	2개=행복하고, 행복해서 → (기) 행복하다	4	모양
5	× (기) 불어오다 : 동사	5	1개=달콤한 → (기) 달콤하다 (기) 빠져들다 – 동사	5	곱다

06 관형사

39쪽 《기본 연습》

1	새=성상 관형사	11	한=수 관형사
2	× 멋진 (형용사)	12	한, 한=수 관형사, 수 관형사
3	헌=성상 관형사	13	저=지시 관형사
4	여러=수 관형사	14	세=수 관형사
5	그=지시 관형사	15	두=수 관형사
6	옛=성상 관형사	16	×
7	딴, 이=지시 관형사, 지시 관형사	17	여러=수 관형사
8	그=지시 관형사	18	헌, 새=성상 관형사, 성상 관형사
9	온갖=지시 관형사	19	한, 한=수 관형사, 수 관형사
10	순=성상 관형사	20	모든=성상 관형사

39-41쪽 《실력다짐》

	가		나
1	0 개=맛있는 (기) 맛있다 – 형용사	1	체언
2	1 개=새	2	지시
3	1 개=온	3	수식언

4	1개=그	4	성상
5	2개=몇, 이	5	수
6	1개=모든		
7	1개=여러		
8	0개=큰 : (가) 크다 – 형용사		
9	1개=온갖		
10	1개=여러 하나 – 수사		

07 부사

43-44쪽 《기본 연습》

1	다시 그 : 관형사	11	드디어
2	벌써 가는 : (가) 가다 – 동사	12	또
3	늘 그 : 관형사	13	설마
4	별로	14	매우
5	바로	15	가장
6	겨우	16	잘
7	안 '아니'의 준말	17	제발, 주룩주룩
8	못, 빨리	18	급히 • 급히 : '급하다(형용사)'에서 나온 전성 부사 (파생 부사) → 급(어근) + 히(부사화 접사)
9	과연	19	더욱
10	문득, 참	20	살그머니

44-45쪽 《실력다짐》

	가		나	
1	2개=참, 잘	1	×	체언이 아니라 용언임
2	2개=지금, 좀	2	×	수식언은 관형사와 부사임
3	1개=자꾸	3	○	
4	1개=마침내	4	○	
5	4개=빙글빙글, 좀, 빨리,안 빨리 : '빠르다'(형용사)에서 온 전성 부사(파생부사) → 빠르(어근) + 이(부사화 접사)	5	×	수식언은 '그냥'(부사)임
6	2개=못, 안			
7	2개=갑자기, 번쩍			
8	1개=굉장히			
9	1개=슬며시			
10	2개=못, 매우			

47쪽 《기본 연습》

1	○	6	○	11	×	16	○
2	○	7	○	12	○	17	×
3	○	8	○	13	×	18	○
4	○	9	× 창수야=창수 (명사) + 야(호 격조사)	14	×	19	×
5	×	10	○	15	×	20	○

48쪽 《실력다짐》

	가		나		다
1	야	1	1개=어라	1	×
2	×	2	1개=아아	2	×
3	넵	3	1개=여보	3	○
4	이봐요	4	× 사랑아=사랑(명사) + 야(호격조사)	4	○ 엄마야=엄마(명사) + 야(호격조사) 누나야=누나(명사) + 야(호격조사)
5	× 청춘 : 제시어, 명사나.	5	1개=그래	5	×

52쪽 《기본 연습》

1	께서, 에=께서 : 높임 주격조사	11	은, 다=(뒤)다 : '다'는 서술격조사 '이다'의 줄임말
2	에, 를	12	이, 에서, 을
3	과, 이	13	의, 을, 의, 가
4	은, 을, 가	14	는
5	은, 의, 였다=였다 : (기본형) 이다~서술격 조사 / 였 다=이+ 었+ 다	15	는, 의, 를, 다=(비행사)다 : '다'는 서술격조사 '이다'의 줄임말
6	에, 를	16	에, 가
7	에서, 이	17	도, 을
8	가, 를	18	이, 입니다=(시인)입니다 : '입니다'는 서술격조사 '이 다'의 높임 표현
9	로, 와	19	가, 에
10	이	20	는, 의, 가

	가		나		다
1	이, 에, 에, 이	1	2개=에, 처럼	1	1=관형격 조사
2	은, 가, 이지 (한창)이지 : '이지'는 서술격조 사 '이다'의 활용형	2	2개=을, 이	2	2
3	과, 를	3	2개=야, 에서	3	2
4	이	4	2개=은, 이다	4	2
5	이, 을	5	2개=도, 도	5	2

2. 엄마는 요술쟁이-어미의 전설

01 기본형

64쪽 《기본 연습》

1	○ (기) 먹다 / 동사	11	○ (기) 매달리다 / 동사(피동)= 사동 접사, 피동 접사는 기본형에 들어감
2	×	12	×
3	○ (기) 흐르다 / 동사	13	○ (기) 깨끗하다 / 형용사
4	×	14	×
5	×	15	○ (기) 되다 / 동사
6	×	16	○ (기) 곱다 / 형용사
7	○ (기) 뛰다 / 동사	17	×
8	○ (기) 즐겁다 / 형용사	18	○ (기) 쳐다보다 / 동사
9	○ (기) 예쁘다 / 형용사	19	×
10	×	20	○ (기) 작다 / 형용사

64-65쪽 《실력다짐》

	가		나		다
1	되면, 피운다	1	2개=춤추느라, 없어요	1	동
2	쏟아집니다	2	3개=내밀고, 숨어, 있다	2	동
3	있어요	3	2개=마시는, 보인다 •마시는 : (기) 마시다-동사 → 마시는=마시(어간) + 는(현재 선 어말어미) •보인다 : (기) 보이다-동사 → 보인다=보이(어간) + ㄴ(현재 선 어말어미 + 다(종결어미)	3	형
4	앉아, 바라본다	4	1개=빠졌다	4	형

5	푸른, 부릅니다 =푸른 : (기) 푸르다-형 용사 / 푸른=푸르(어 간) + ㄴ(관형사 전성어미) 부릅니다 : (기) 부르다- 동사 / 부릅니다=부르 (어간) + ㅂ니다(종결어 미-높임 표현)	5	3개=지내는, 좋을, 많다	5	형
				6	형
				7	형
				8	동
				9	형
				10	동

02 어미

67-68쪽 《기본 연습》

	가		나
1	다=젖었다	1	있다 / 있습니다
2	네=가네	2	피어나다 / 피어납니다
3	✕ •우정일까? :우정(명사) + 일까 (서술격조사 '이다'의 　　　　　　 의문형 표현) •일까 : (기) 이다 → 일까=이(서술격조사 어간) + 　　　　　 ㄹ까(의문형 종결어미)	3	키우다 / 키웁니다
4	지=먹었지	4	정리하다 / 정리합니다
5	자=보자	5	닮다 / 닮습니다.
6	다=싸늘하다		
7	✕ 누구일까요=누구(대명사) + 일까요 (서술격조사 '이 　　　　　　　 다'의 의문형 표현-높임)		
8	구나=들었구나		
9	아라=보아라		
10	자꾸나 보자꾸나=보(어간) + 자꾸나(청유형 종결어미)		

68-69쪽 《실력다짐》

1	○ 돼 : (기) 되다 / 동사 돼=되(어간) + 어(어말어미)	11	○ (기) 멈추다 / 동사
2	○ 좋아한다 : 좋아한다=좋아하(어간) + ㄴ(현재 선어 말어미) + 다(어말어미)	12	✕ 푸른 : (기) 푸르다 / 형용사 푸른=푸르(어간) + ㄴ(관형사 전성어미)
3	○ 좋다 : 형용사 노는 : (기) 놀다 → 노는=놀(어간:ㄹ탈락) + 는(관형사 전성어미)	13	✕ 엮인 : (기) 엮이다 / 동사 엮인=엮(어간:어근)+ 이(피동접사) + ㄴ(관형사 전성어미)
4	○ 다가오네 : (기) 다가오다 / 동사 다가오네=다가오(어간) + 네(어말어미)	14	○ 아름답습니다. :(기) 아름답다 / 형용사 아름답습니다=아름답(어간) +습니다(종결어미-높임 표현)
5	○ 행복합니다.: (기) 행복하다 / 형용사 행복합니다=행복하(어간)+ㅂ니다(어말어미-높임 표현)	15	○ 달린다 : (기) 달리다 / 동사 달린다=달리(어간) + ㄴ(현재 선어말어미) + 다(어말 어미)
6	✕ 힘들기도 : (기) 힘들다= 힘들기도=힘들(어간) +기(명사 전성어미)+도(보조사)	16	○ 쳐다보네 : (기) 쳐다보다 / 동사 쳐다보네=쳐다보(어간) + 네(종결어미)

272

7	○ •쏟는다 : (기) 쏟다 – 동사 쏟는다=쏟(어간) + 는(현재 선어말 어미) + 다(어말어미)	17	○ •끝내자 : (기) 끝내다 / 동사 끝내자=끝나(어간) + ㅣ(사동 접사) + 자(청유형 종결어미)
8	○ •하나뿐일까 : (기) 하나뿐이다.=하나뿐일까=하나 (수사) +뿐(보조사) +일까(서술격조사) 일까 : 서술격조사 '이다'의 의문형 표현 / 일까=이(어 간) +ㄹ까(의문형 종결어미)	18	× 하나같이=하나(수사) + 같이(조사/보조사)
9	○ •먹어라 : (기) 먹다 먹어라=먹(어간) + 어라(명령형 종결어미)	19	○ •일이지 : (기) 일이다 → 일이지=일(명사) + 이(서술 격조사 '이다'의 어간) + 지('이다'에서 '–다' 활용)
10	× 맞는 : (기) 맞다=맞는=맞(어간) + 는(관형사 전성어미) 좋아요 : (기) 좋다 = 좋아요=좋(어간) + 아요(종결어미– 높임표현)	20	○ •떴구나 : (기) 뜨다 떴구나=뜨(어간) + 었(과거 선어말어미) + 구나(감탄형 종 결어미)

03 종결 어말어미

76-77쪽《기본 연습》

1	의문문	11	청유문
2	평서문	12	감탄문
3	청유문	13	평서문
4	명령문	14	평서문
5	평서문	15	의문문
6	청유문	16	평서문
7	감탄문	17	평서문
8	의문문	18	평서문
9	명령문	19	평서문
10	평서문	20	평서문

77-79쪽《실력다짐》

	가		나		다
1	니=했니 (기) 하다 =했니= 하(어간) + 았(과거 선어말어 미) + 니(종결어미)	1	들어가자/ 들어가자꾸나	1	다영아, 그림을 빨리 그려라. 그리거라(×) – 명령형 종결어미 '거라'는 '가다' 에만 사용함.('거라'불규칙 활용)
2	다=바쁘다	2	피하라 / 피하십시오	2	여름은 햇볕이 뜨겁구나.
3	ㅂ니다 •보입니다 : (기) 보 이다=보입니다=보이(어간) + ㅂ니다(종결어미–높임 표현)	3	부르는구나	3	모든 사랑은 첫사랑입니까? (=첫사랑일까요? ○)
4	어라=붙어라	4	낼까 / 낼까요	4	손님이 정말 많이 왔구나.
5	어 •되었어: (기) 되다 =되 었어=되(어간) + 었(과거 선어 말어미) + 어(종결어미)	5	스며드는구나	5	지금 쉬운 것도 처음에는 다 어려웠을까?
6	나요=없나요	6		6	푸른 바다가 손짓을 하는구나.
7	다, 자꾸나=가자꾸나 : (기) 가다=가자꾸나=가(어간) + 자꾸나(청유형 종결어미)	7		7	장미꽃이 참 예쁘다.

8	마 주마 : (기) 주다=주마= 주(어간) + 마(종결어미)			8	한 그릇 먹고 더 먹어도 됩니다.(돼요. ○)
9	어요 느려요 : (기) 느리다 =느려요=느리(어간) + 어요 (종결어미)			9	성은아, 그만하고 집으로 가라. 성은아, 그만하고 집으로 가거라 = (기) 가다 : '거라'불규칙 활용. '오다'는 '너라' 불규칙 활용
10	다 띄었다 : (기) 띄다=띄었 다=뜨(어간) + 이(피동접사) + 었(과거 선어말어미) + 다(종결 어미)			10	책을 꾸준히 읽어 자기 생각을 튼튼하게 가꾸자.

3. 낱말의 씨앗을 뿌려라-형태소와 낱말

01 형태소

92쪽《기본 연습》

1	국 + 밥	11	맨 + 손
2	칼	12	선생 + 님
3	잠 + 꾸러기	13	배 + 부르 + 다
4	사다리	14	불 + 꽃
5	치마	15	뛰 + 놀 + 다
6	불 + 고기	16	고무 + 신
7	풋 + 사랑	17	밤 + 낮
8	눈 + 물	18	해 + 돋 + 이
9	나무 + 못	19	새 + 파랗 + 다
10	늦 + 잠	20	차 + 멀미

92-93쪽《실력다짐》

	가		나
1	6개=갑자기, 비, 가, 내리, ㄴ, 다	1	감기
2	8개=약, 기운, 에, 눈, 꺼풀, 이, 무겁, 다	2	하얄
3	9개 =창수, 는, 빵, 과, 우유, 를, 먹, 었, 다	3	놀, 았
4	7개=거북선, 은, 우리, 의, 자랑, 이, 다	4	피, 었, 구나
5	10개=비, 가, 오, 면, 라면, 이, 먹, 고, 싶, 다	5	달리, 어라 •기본형 : 달리다 → 달려라=달리(어간) + 어라(명령 종결어미)
6	6개=하야, ㄴ, 눈, 이, 반갑, 다		
7	8개=가, 다, 멈추, 면, 안, 되, ㄴ, 다		
8	7개=산, 에, 꽃, 이, 피, ㄴ, 다		
9	11개=차, 를, 타, ㄹ, 때, 마다, 멀미, 가, 나, ㄴ, 다		

10	4개=우두커니, 서, 있, 네		

낱말의 짜임

95쪽 《기본 연습》

1	복 – 합성어　쇠고기=소+ㅣ+고기(관형격조사 '의' 줄임)	11	복 – 합성어
2	복 – 파생어	12	단
3	단	13	복 – 파생어
4	단	14	복 – 파생어
5	단	15	복 – 파생어
6	복 – 파생어	16	복 – 파생어
7	복 – 파생어	17	복 – 합성어
8	복 – 파생어	18	복 – 파생어
9	복 – 합성어	19	복 – 파생어
10	단	20	단

96쪽 《실력다짐》

	가		나
1	7개=눈, 이, 내리, ㄹ, 것, 같, 다	1	오, 시, 었
2	7개=자, ㅁ, 이, 자꾸, 오, ㄴ, 다	2	ㄴ　•ㄴ : 관형사 전성어미
3	3개=또, 먹, 어	3	먹, 는　•는 : 현재 선어말어미
4	9개=유리, 창, 에, 눈, 꽃, 이, 피, 었, 다	4	짧, 아
5	8개=인생, 은, 짧, 고, 예술, 은, 길, 다	5	마시, ㄴ •기본형 : 마시다 → 마신다=마시(어간) + ㄴ(현재 선어 말어미) + 다(어말어미)
6	8개=우리, 들, 은, 나라, 의, 꿈, 나무		
7	6개=병, 이, 싹, 나, 았, 다		
8	6개=자전거, 를, 타, 고, 가, 자		
9	5개=사과, 가, 참, 예쁘, 구나		
10	7개=거울, 이, 안, 에, 또, 있, 네		

03 어근과 접사

108쪽 《기본 연습》

1	단	11	단
2	합　•된장찌개=된장 + 찌개	12	파　•치솟다=치 + 솟다
3	파　•햇곡식=햇 + 곡식	13	파　•시누이=시 + 누이

4	합	•배부르다=배 + 부르다	14	합	•미역국=미역 + 국
5	단		15	합	•오누이=오(빠) + 누이
6	합	•김밥=김 + 밥	16	합	•그림책=그림 + 책
7	단		17	파	•구경꾼=구경 + 꾼
8	파	•지우개=지우 + 개	18	파	•얼음=얼 + 음
9	합	•검푸른=검(고) + 푸른	19	합	•돼지갈비=돼지 + 갈비
10	합	•휴대폰=휴대 + 폰	20	합	•뛰놀다=뛰(고) + 놀다

108-109쪽《실력다짐》

	가		나
1	7 개=비, 가, 오, 면, 좋, 겠, 다 •겠 : 미래 선어말어미	1	되
2	5 개=버스, 가, 지나가, ㄴ, 다 •ㄴ : 현재 선어말어미	2	생기 •기본형 : 생기다
3	5 개=무지개, 가, 뜨, 었, 다 •었 : 과거 선어말어미	3	찾, 아라
4	6 개=돌, 다리, 가, 저기, 있, 네	4	깨끗, 이 •깨끗이=깨끗(어근) + 이(부사화 접사)
5	5 개=공부, 가, 꽤, 어렵, 다	5	어라 •기본형 : 그리다 → 그려라=그리(어간) + 어라 (명령형 종결어미)
6	5 개=얼른, 길, 을, 떠나, 자		
7	4 개=어디,부터, 가, ㄹ까 •ㄹ까 : 의문형 종결어미		
8	6 개=올챙이, 가, 개구리, 되, ㄴ, 다		
9	6 개=누나, 는, 오렌지, 를, 좋아하, 아 •좋아해=좋아하(어간) + 아(종결어미)		
10	9 개=우리, 반, 에, 전학생, 이, 또, 오, 았, 다 •왔다=오(어간)+았(선어말어미)+다		

4. 변장술에 빠지다 -동사, 형용사의 활용

01 활용

120쪽《기본 연습》

1	× 명사	11	○
2	○	12	× 명사+조사
3	○ 서술격 조사	13	× 명사
4	○	14	× 명사

5	× 부사	15	○
6	○	16	× 명사
7	○	17	○
8	× 명사	18	× 명사
9	× 명사	19	○
10	× 부사	20	○

120-121쪽 《실력다짐》

	가		나
1	이니=생각뿐이니?	1	이다
2	이라고=만화책이라고	2	어미
3	이거든=책이거든	3	용언
4	인데=사진첩인데	4	보다
5	이지=힘이지	5	가변어
6	× 많다=많(어간) + 다(어말어미)		
7	인지=(기) 이다(서술격 조사)		
8	인데=것인데=것(의존명사) + 이(서술격 조사'이다'의 어간) + ㄴ데(어미)		
9	이다=밥이다		
10	× 떠나=떠(어간) +나(어미) 가자꾸나=가(어간) + 자꾸나(어미)		

02 연결 어말어미 (활용)

124쪽 《기본 연습》

1	아프 + 면	11	× 명사 + 조사
2	알 + 았 + 다	12	달리 + 었 + 다=(기본형) 달리다
3	피 + 어서	13	멈추 + 고
4	먹 + 자	14	× 부사
5	잡 + 으며 •으 : 조음소 (발음을 편하고 매끄럽게 도움)	15	기 + 어서=(기본형) 기다
6	끝내 + 고 • (기) 끝내다 → 끝내고=끝내(어간) + 고(연결어미)	16	보+ 았 + 어
7	× 명사	17	뭉치 + 면
8	× 명사	18	뛰놀 + 아=(기본형) 뛰놀다
9	예쁘 +어서 •(기) 예쁘다('으'탈락) → 예뻐서=예쁘(어간) + 어서(어미)	19	× 부사
10	× 명사	20	웃 + 으(조음소) + 면(연결어미) • 으 : 조음소 (발음을 편하고 매끄럽게 도움)

124-125쪽 《실력다짐》

	가		나
1	고=읽고(본용언) + 싶어(보조용언) •고 : 보조 연결어미	1	2 고프면 종속 연결어미에서 '종속'은 이유나, 조건, 부속의 뜻을 나타냄
2	× •넘어질 뻔 → 넘어질(어간, 기본형 - 넘어지다) + 뻔(의존명사) •넘어질=넘어지(어간) + ㄹ(관형사 전성어미)	2	1 붙고
3	면=아프 + 면	3	1 주택이고
4	고=먹고	4	1 피어나
5	(으)며 =넣(어간) + 으(조음소) + 며(연결어미)	5	1 그려서=그리(어간) + 어서(어미) -모음 축약
6	어=붙어		
7	×		
8	어서=없어서		
9	어, 으니=찍어, 먹으니 으 : 조음소		
10	고, 으면, 아도=오고, 싶으면, 와도 •와도 : (가) 오다 → 와도=오(어간) + 아도(어미) -모음 축약		

03 전성 어말어미 (활용)

128쪽 《기본 연습》

1	명='먹기'에서 '기'	11	관='뛰는'에서 '는'
2	관='예쁜'에서 'ㄴ'	12	명='천재임'에서 'ㅁ'
3	관='먹을'에서 '을'	13	명='믿기'에서 '기'
4	관='마시는'에서 '는'	14	명='밟'에서 'ㅁ'
5	관='갈'에서 'ㄹ'	15	관='노는'에서 '는'
6	관='공부하는'에서 '는'	16	명='막음'에서 '음'
7	명='청소하기'에서 '기'	17	명='찾기'에서 '기'
8	관='춤추는'에서 '는'	18	관='찬'에서 'ㄴ'
9	명='누르기'에서 '기'	19	명='더럽기'에서 '기'
10	명='흔들림'에서 'ㅁ'	20	관='입을'에서 '을'

128-129쪽 《실력다짐》

	가		나
1	따끔한=ㄴ	1	2 •잃어버린=잃어버리(어간) + ㄴ(관형사 전성어미)
2	× 온다고=오(어간) +ㄴ(현재 선어말어미) +다(어미) + 고(인용격 조사)	2	1 •감만=가(어간) + ㅁ(명사 전성어미) + 만(조사)

3	털어놓는=는		3	3 •멈춘=멈추(어간) + ㄴ(관형사 전성어미)
				•많기도=많(어간) + 기(명사 전성어미) + 도(조사)
4	더운=(기) 덥다 → 더운(ㅂ 불규칙활용)=더우(=덥 : 어간) + ㄴ(관형사 전성어미)		4	2 •찬=차(어간) + ㄴ(관형사 전성어미)
				•따뜻한=따뜻하(어간) + ㄴ(관형사 전성어미)
5	흔들림, 꾸밈=ㅁ, ㅁ			
6	우기기=기			
7	곱기=기		5	3 •메마른=메마르(어간) + ㄴ(관형사 전성어미)
8	좋은, 사는=은, 는			•넣는=넣(어간) + 는(관형사 전성어미)
9	맛있는=는			•책읽기다=책(명사) + 읽(어간) + 기(명사 전성어미) + 다(서술격조사 '이다'의 줄임말
10	좋음=음			

04 선어말어미 (활용)

136쪽 《기본 연습》

1	×		11	×
2	× •달아난=달아나(어간) + ㄴ(관형사 전성어미)		12	○ •온다=오(어간) + ㄴ(현재 선어말어미) + 다(어말어미)
3	○		13	×
4	×		14	×
5	○		15	×
6	○		16	× •남을=남(어간) + 을(관형사 전성어미)
7	○		17	× •밝은=밝(어간) + 은(관형사 전성어미)
8	×		18	○ •끓더니=끓(어간) + 더(과거회상 선어말어미) + 니(연결어미)
9	×		19	○
10	○		20	○ •드리오니=드리(어간) + 오(겸양 선어말어미) + 니(연결어미)

137쪽 《실력다짐》

	가			나
1	사오=겸양 선어말어미, 시	1	었	
2	었	2	셨 •사셨다=사(어간) + 시(높임 선어말어미) + 었(과거 선어말어미) + 다(어말어미)	
3	는	3	는 •먹는다=먹(어간) + 는(현재 선어말어미) + 다(어말어미)	
4	었 •쏟아졌다=쏟아지(어간) + 었(과거 선어말어미) + 다(어말어미)	4	ㄴ •뛰어다닌다=뛰어다니(어간) + ㄴ(현재 선어말어미) + 다(어말어미)	
5	았	5	ㄴ •가르친다=가르치(어간) + ㄴ(현재 선어말어미) + 다(어말어미)	

		6	았 •나타났다=나타나(어간) + 았(과거 선어말어미) + 다(어말어미) •예쁜=예쁘(어간) + ㄴ(관형사 전성어미)
		7	× •오는=오(어간) + 는(관형사 전성어미) 달콤하기까지=달콤하(어간) +기(명사 전성어미) + 까지(보조사)
		8	ㄴ •떠돈다=떠돌(어간) + ㄴ(현재 선어말어미) + 다(어말어미) → (기) 떠돌다('ㄹ'탈락)
		9	은 •읽은=읽(어간) + 은(과거 선어말어미)
		10	× 맑음=맑(어간) + 음(명사 전성어미)

05 규칙 활용

139-140쪽 《기본 연습》

1	○ 먹다	11	○ 참다
2	○ 좋다	12	○ 다듬다
3	× 놀다 ('ㄹ'탈락)	13	× 만들다 •'ㄹ'탈락은 불규칙 활용임
4	○ 보다	14	○ 내리다
5	× 흐르다 ('르'불규칙)	15	○ 밟다
6	○ 자라다	16	× 모르다 •'르'불규칙 활용
7	○ 깊다	17	× 알다 •ㄹ탈락
8	○ 달리다	18	○ 벌거벗다
9	○ 예쁘다 •'으'탈락은 규칙 활용으로 봄	19	○ 녹다
10	○ 깨뜨리다	20	○ 그치다

140-141쪽 《실력다짐》

	가		나 활용 낱말 : 동사, 형용사, 서술격조사 '이다'
1	×	1	뒹굴었다
2	× 모든 용언은 활용을 한다.	2	만든, 많다
3	×	3	끄떡없어
4	× 서술격 조사 '이다'는 활용을 함.	4	풀어도, 모르겠니
5	○ 9 품사 중에서 동사, 형용사가 활용을 함.	5	쉽니다
		6	다투더니, 웃는다
		7	살던, 돌아왔다
		8	비질한다
		9	써서, 설명할까요
		10	이면, 부릅니다. •여름이면=여름(명사) + 이(서술격조사 '이다'어간) + 면(연결어미)

06 불규칙 활용

144-145쪽 《기본 연습》

1	○	뛰다	11	○	낮다
2	○	맛있다	12	○	더듬다
3	○	웃다	13	× 얼다	• 'ㄹ'탈락은 불규칙 활용임
4	○	읽다	14	○ 잠그다	• '으 탈락'은 규칙 활용으로 봄 / 잠그다 =잠그(어간) + 아(어미) → 잠가
5	○	끓다	15	○	만나다
6	○	배우다	16	× 살다	• 'ㄹ'탈락은 불규칙 활용임
7	× 부르다	• 르 불규칙	17	× 멀다	• 'ㄹ'탈락은 불규칙 활용임 (기) 멀다 → 면=멀(어간) + 은(관형사 전성어미)
8	× 돕다	•ㅂ 불규칙	18	○	속삭이다
9	× 무겁다	•ㅂ 불규칙	19	○	느끼다
10	○	갚다	20	○	마치다

145쪽 《실력다짐》

	가		나 활용 낱말 : 동사, 형용사, 서술격조사 '이다'
1	× •쓰고='으' 탈락 규칙	1	벌인다=벌이다
2	흐르는	2	매달렸다=매달리다
3	×	3	되었다=되다
4	뜨거워서 , 살겠다 •뜨거워서(ㅂ 불규칙) •살겠다(ㄹ불규칙)	4	일렁인다=일렁이다
5	×	5	아닐까=아니다
		6	좋고, 좋고, 좋지=좋다
		7	만났거든=만나다
		8	부르고, 불렀다=부르다
		9	잤으면=자다
		10	푸르렀다=푸르다

5. 낱말 나무로 집을 지어볼까 -문장의 탄생

문장과 어절

153-154쪽 《기본 연습》

	가			나	
1	4		1	4	
2	3		2	3	
3	5		3	4	
4	4		4	4	
5	5		5	4	
6	4		6	5	
7	5	•저녁부터, 숙제, 때문에, 정신이, 없어요	7	6	
8	3		8	6	•한참, 가다가, 안, 보일, 때쯤(명사+ 접사), 멈췄다
9	6		9	5	
10	7		10	5	•텅, 빈, 운동장에는, 낙엽들만, 쓸쓸했다

155쪽 《실력다짐》

	가			나	
1	봄이 오면 •서술절		1	3개	•구름, 위를, 달린다
2	창수가 개구장이라는 •관형절		2	4개	•아무래도, 내가, 이기지, 않을까
3	코가 길지요 •서술절		3	5개	•흰, 눈이, 온, 산을, 덮었다
4	소리도 없이 •부사절		4	5개	•갑자기, 안개가, 눈을, 온통, 가렸다
5	우리 모두가 행복하기 •명사절		5	4개	•학교, 앞, 문방구에, 갔다
			6	6개	•내가, 가장, 먼저, 교실, 문을, 열었다
			7	5개	•책상, 서랍, 안에, 잘, 두어라
			8	3개	•하늘이, 정말, 파랗구나
			9	6개	•잠을, 잘, 자는, 것도, 큰, 복이다
			10	4개	•매미는, 수컷이, 소리를, 냅니다

문장성분

158쪽 《기본 연습》

1	부사어	11	부사어
2	목적어	12	부사어
3	부사어	13	서술어

4	서술어	14	부사어
5	주어	15	부사어
6	목적어	16	목적어
7	서술어	17	보어
8	보어 •서술어 '되다'와 '아니다'앞에 오는 말이 '보어'임	18	서술어
9	서술어	19	목적어
10	주어	20	서술어

159쪽 《실력다짐》 •필수성분(주성분) : 주어, 서술어, 목적어, 보어   •부속성분 : 관형어, 부사어   •독립성분 : 독립어

1	참=부사어	11	왼쪽=관형어 •왼쪽(의) : 관형격 조사 '의' 생략
2	부레로=부사어	12	지식의=관형어
3	얼른, 밖으로=부사어 •주어부 생략	13	오늘은=부사어 •주어부 생략
4	×	14	무척=부사어
5	예쁜=관형어	15	내, 졸졸=내=나(대명사) + 의(관형격 조사) 줄임말 / 관형어 졸졸 : 부사어
6	무심코=부사어 •주어부 생략	16	조그만='조그마한'줄임말 → 조그마하(어간) + ㄴ(관형사 전성어미) 주어부 생략
7	하얗게=부사어	17	×
8	×	18	×
9	×	19	×
10	우리나라=관형어 •우리나라(의) : 관형격 조사 '의' 생략	20	텅=부사어

03 주어부, 서술부

161-162쪽 《기본 연습》 문장은 주어 있는 데까지가 '주어부', 나머지는 '서술부'이다.

1	겨울바람과 싸웁니다.	11	참 맑고 깨끗하구나.
2	거칠게 밀려왔다.	12	순식간에 그쳤다.
3	나를 찾아올까?	13	슬피 울었다.
4	바람결에 흩어진다.	14	실천이 중요해요.
5	낮잠을 잘 거야.	15	숭례문이다.
6	바람에 춤을 춥니다.	16	노래를 정말 잘하네.
7	끓기 시작했다.	17	책 읽는 것을 정말 좋아한다.
8	여러 종류가 있다.	18	좋은 선생님과 같지요.
9	멀리 본다.	19	코를 찌릅니다.
10	헐레벌떡 달아난다.	20	바나나가 어때?

	가		나
1	나는	1	도둑고양이처럼
2	해바라기가	2	조금씩
3	나는=머리가 지끈지끈 아파왔다(서술절로 안김)	3	빛난다.
4	하늘이=푸른 : 관형어	4	샘물처럼
5	너는	5	한
		6	세상이=눈보라가(주어) + 몰아친다(서술어)
		7	달콤한
		8	소리도
		9	하얀
		10	지나가며, 뿌립니다.=이어진 문장 •먹구름이(주어) + 지나가며(서술어1) / (먹구름이: 주어 생략) + 비를(목적어) + 뿌립니다.(서술어2)

04 낱말 나무, 문장 집

172-173쪽 《기본 연습》

1	서술어	11	독립어
2	관형어	12	서술어 •가족들이(주어) + 모여서(서술어1) / (가족들 이-주어 생략) +(송편을) 빚어요.(서술어2)
3	독립어	13	주어
4	부사어	14	부사어
5	부사어	15	부사어
6	부사어	16	독립어
7	관형어	17	부사어
8	부사어	18	서술어
9	서술어	19	부사어
10	서술어	20	부사어

173-174쪽 《실력다짐》

	가 보어는 서술어 '되다'와 '아니다'앞에 오는 말		나
1	얼음이	1	8개 •나, 는, 어제, 저녁, 에, 친구, 와, 놀았다
2	천재가	2	6개 •사탕, 은, 달콤하고, 비스킷, 은, 고소해
3	중학생이	3	7개 •선물, 이, 이, 정도, 라면, 정말, 기쁘지
4	물이	4	7개 •시계, 를, 보니, 분침, 이, 멈춰, 있었다
5	빗물이	5	7개 •한참, 을, 기다려도, 소녀, 는, 나타나지, 않았어
		6	8개 • 도깨비, 방망이, 가, 요즘, 도, 있으면, 얼마나, 좋을까
		7	8개 •우리, 반, 아이들, 이, 모두, 웃음, 을, 터뜨렸어요
		8	6개 •뿌리, 가, 깊은, 나무, 가, 되자

		9	8개 •하늘, 의, 별, 이, 두, 눈, 가득히, 쏟아지네
		10	6개 •소년, 은, 징검다리, 를, 냉큼, 건넜다

05 홑문장과 겹문장

178쪽 《기본 연습》

홑문장은 주어와 서술어의 관계가 단 1번에 그침. 그 이상이면 겹문장이고, 겹문장은 이어진문장과 안은문장이 있음

1	○	11	○
2	○	12	× 이어진 문장
3	× 이어진 문장	13	○
4	○	14	○
5	○	15	○
6	× 이어진 문장	16	○
7	× 이어진 문장	17	× 이어진 문장
8	× 안은문장 •나는/ (그녀가 예쁨을-명사절로 안김: 목적어) 뒤늦게 알았다	18	○
9	○	19	× 이어진 문장
10	× 안은문장 (내가 지금 읽는- 관형절로 안김: 관형어) •책은 / 세계 명작이야.	20	○

179쪽 《실력다짐》

	가 본용언 + 보조용언=서술어		나 부속성분=관형어, 부사어
1	말자	1	1개=활짝
2	싶구나	2	2개=한참을, 잘 – 이어진 문장
3	있어요	3	1개=안은문장 •나는/ (하늘을 훨훨 날고 싶었던 – 관형절로 안김: 관형어) 거야.
4	있습니다.	4	1개=어지럽게
5	보아라	5	2개=서산으로, 완전히
		6	1개=하마터면, •넘어질 뻔했구나=서술어
		7	2개=교통질서를 지키는(관형절로 안김: 관형어) 게('것이' 준말) +가장(부사어) + 중요해 : 중요하(어간) + 아 (종결어미)
		8	0개=이어진 문장
		9	1개=바닷가에
		10	2개=베란다에서, 직접

6. 말소리의 규칙이 울퉁불퉁 - 음운과 음절

01 음운

189-190쪽 《기본 연습》

	가		나
1	비=말	1	○
2	비=발	2	○
3	비=밤	3	✕ ㄹㅎ
4	비=눈	4	○
5	비=벌	5	✕ ㄹㅎ
6	분	6	○
7	분	7	○
8	비=벌	8	✕ ㄹㅌ
9	비=발	9	○
10	비=눈	10	✕ ㄹㅌ

190-191쪽 《실력다짐》

	가		나
1	음운	1	11개
2	자음	2	12개
3	21	3	13개
4	ㅎ	4	14개
5	5개 •된소리 자음 : ㄲ, ㄸ, ㅃ, ㅆ, ㅉ	5	13개
6	홀소리		
7	ㄴ, ㄹ, ㅁ, ㅇ •나라마음=ㄴ, ㄹ, ㅁ, ㅇ		
8	비분절		
9	자음		
10	40개		

02 음절

194쪽 《기본 연습》

1	른	11	지
2	믈	12	카
3	떠	13	뜨

4	켜	14	어
5	시	15	써
6	튼	16	랄
7	나	17	삐
8	리	18	코
9	기	19	도
10	핌	20	문

194-195쪽 《실력다짐》

	가		나		다
1	옥상으로=[꼬츠로뒤더핀옥상으로간따]	1	19개	1	× [구르믈]
2	잠시=[잠시기다리겐느냐고무럳따]	2	25개	2	× [세시]
3	너무=[가스미너무쿵쿵거렫따]	3	19개	3	○
4	편지를=[편지를일그며행보칸순가늘떠올련따]	4	23개	4	× [너어]
5	네, 내가, 거니=[네마으메내가인는거니]	5	21개	5	× [어리니]
				6	○
				7	○
				8	○
				9	× [꼬츨]
				10	× [미다지]

03 음운과 음절

197-198쪽 《기본 연습》

1	3개	11	5개
2	3개	12	8개
3	3개	13	6개
4	6개	14	8개
5	3개	15	5개
6	11개	16	8개
7	4개 • 첫소리 'ㅇ'은 음운이 아님.(소리 값이 없음) 음악=으, ㅁ, 아, ㄱ	17	5개
8	4개	18	7개
9	5개	19	5개
10	7개	20	7개

	가		나 음절은 소리 나는 대로 적어야 정확히 알 수 있음		다
1	집에, 되었네	1	9개 [우리지븐아파트이다]	1	○ [가치] 구개음화
2	오늘은, 기분이, 좋아	2	10개 [우리끼리소풍을간찌요]	2	○ [꼰닙] 음절의 끝소리규칙, 사잇소리 현상(사이ㄴ첨가), 자음동화
3	맞다	3	11개 [영화의한장며니생강나요]	3	○ [조타] 거센소리되기(격음화)
4	×	4	12개 [라면세개를한꺼버네끄린대]	4	○ [시공유] 음절의 끝소리규칙
5	국밥이, 맛있구나	5	10개 [벌써중학생이되얻꾸나]	5	○ [활똥] 된소리되기(경음화)
				6	○ [실라] 자음동화
				7	○ [가버치] 음절의 끝소리규칙
				8	×
				9	○ [구쾌] 거센소리되기(격음화)
				10	×

04 음운의 변동

❶ 음절의 끝소리 규칙

1	[다섣]	11	[도다나는]
2	[야튼]	12	[빋]
3	[노파]	13	[솔립]=솔잎[솔립] : [솔닙-사이ㄴ첨가] → [솔립-자음동화] → [솔립-음절의 끝소리규칙]
4	[부억]	14	[삼백]
5	[꼬치]	15	[넫]
6	[엽]	16	[대나제]
7	[아프로]	17	[바퀴]
8	[여덜]	18	[비즐]
9	[갑]	19	[아치메]
10	[바테]	20	[푸른숩]

	가		나
1	바람이, 구름을, 몰아간다.	1	[거시], [히미다]
2	밤은	2	[대한민구글]
3	많아서=많아서[마나서] : [만아서-대표음법칙] → [마나서-음절의 연음법칙]	3	[안개꼬치]
4	토요일이면, 라면을=먹니[멍니] – 자음동화	4	[소사오른다]
5	싶었다	5	[도서과네는], [채기], [만슴니다]
		6	[누니]
		7	[사니]
		8	[나겨비]
		9	[바블] 먹는대[멍는다]-자음동화
		10	[창무늘], [열시미], [닥자]

❷ 자음 동화

206쪽 《기본 연습》

1	× 국어[구거] : 음절의 끝소리규칙	11	○
2	○	12	○ [동닙]
3	○	13	○ [할류]
4	× 놓고[노코] : 거센소리되기	14	×
5	× 국화[구쾌] : 거센소리되기	15	×
6	× 닭[닥] : 음절의 끝소리규칙	16	×
7	○	17	×
8	○ [대통녕]	18	×
9	×	19	×
10	○ [절라도]	20	×

207쪽 《실력다짐 》

	가		나
1	2 [질리]	1	완
2	3 [궁닙]	2	완
3	1 [강능]	3	불
4	2 [멍는]	4	불
5	3 [섬니]	5	불
6	2 [날로]	6	완
7	3 [동닙]	7	불
8	1 [달라라]	8	완
9	3 [혐녁]	9	완
10	1 [칼랄]	10	불

❸ 모음조화

209–210쪽 《기본 연습》

1	○	11	○
2	○	12	○
3	○	13	○
4	○	14	○
5	○	15	○
6	○	16	○
7	○	17	○
8	○	18	× 먹어요
9	○	19	○
10	× 담아	20	× 와서

210–211쪽 《실력다짐》

가		나		다	
1	1	1	의태	1	○
2	1	2	의태	2	× • 양성모음은 'ㅏ'와 'ㅗ'가 대표적임
3	2	3	의성	3	× • 양성모음은 양성모음끼리, 음성모음은 음성모음끼리 잘 어울림
4	2	4	의태	4	×
5	1	5	의성	5	×
6	2				
7	1				
8	1				
9	1				
10	2				

❹ 음운의 탈락

219–220쪽 《기본 연습》

1	탈	11	탈
2	탈	12	탈
3	탈 [너어] ㅎ탈락	13	× 모음 축약
4	탈	14	탈
5	탈	15	탈
6	탈	16	× 음절의 끝소리규칙
7	탈	17	× 모음 축약
8	탈	18	탈
9	탈 으탈락	19	×
10	으탈락	20	× 보이다 → 뵈다 : 모음 축약

	가		나
1	따님	1	ㅎ=넣어
2	쌓으니=[싸으니] ㅎ 탈락	2	으=꺼라
3	썼으면=(기) 쓰다 – 으 탈락	3	ㅅ=지어
4	그어서	4	으=떴다
5	잠가	5	ㅅ=이어
6	화살=활살 → 화살		
7	다달이=다달이 → 달 + 달 + 이(부사화 접사)		
8	이어서=(기) 잇다 – ㅅ탈락		
9	요즘=요즈음 → 요즘 – 으 탈락		
10	×=추워서 : (기) 춥다 : 'ㅂ'불규칙활용		

❺ 음운의 축약

224쪽 《기본 연습》

1	자음축약=[실타]	11	× 자음탈락
2	자음축약=[노코]	12	모음축약 •그리어 → 그려
3	○ 모음축약 •되었다 → 됐다	13	모음축약 •보아 → 봐
4	× 음절의 끝소리규칙 [아니]	14	모음축약 •좋아해=좋아하(어간) + 야(종결어미)
5	모음축약 •걸리어 → 걸려	15	모음축약 •띄어=뜨(어간)+이(피동접사)+어(연결어미)
6	모음축약 •맞추어 → 맞춰	16	×
7	자음축약 •국화[구콰] : ㄱ+ㅎ=ㅋ	17	자음축약 •많다[만타] : ㅎ+ㄷ=ㅌ
8	× •된소리되기 [먹꼬]	18	모음축약 •됐어=되(어간) + 었(선어말어미) + 어(어말어미)
9	자음축약 •잡히다[자피다] : ㅂ+ㅎ=ㅍ	19	× 자음탈락 •솔+나무
10	자음축약 •그렇다[그러타] : ㄷ+ㅎ=ㅌ	20	× •오가는=오가(어간) + 는(관형사 전성어미)

224-225쪽 《실력다짐》

	가		나
1	맞춰=맞추어 → 맞춰	1	축하해
2	떨어졌고=떨어졌고=떨어지(어간) + 었(과거 선어말어미) + 고(연결어미)	2	잡히는
3	묻힌=묻힌[무친] •자음 축약 기억하자[기어카자]	3	파랗고
4	들렸다=들리었다 → 들렸다	4	돼요 •되어요 → 돼요(모음축약)
5	봤더니=봤더니=보(어간) + 았(선어말어미) + 더(선어말어미) + 니(연결어미) •모음축약	5	어떻게 •자음축약
		6	걸려, 노래해요 •노래해요=노래하(어간) + 아(어미) + 요(보조사)
		7	돌아봤더니 •모음축약
		8	띄는, 알록달록한 •알록달록한[알록달로칸]

		9	국화꽃
		10	놓고

❻ 사잇소리 현상

228쪽 《기본 연습》

1	○	11	○
2	○	12	○
3	○	13	× 기와집 (○) 기왓집(×)
4	× [궁물] : 자음동화	14	× [지반] : 음절의 끝소리규칙
5	○	15	×
6	○	16	×
7	○	17	× [빨가타] : 자음 축약
8	○ [솜니불] – '사이 ㄴ'첨가 : 사잇소리 현상	18	○ 한자말은 사이시옷을 적지 않음 (보기) 대가(代價)(○) – 댓가(×) : 발음은 [대까] – 사잇소리현상
9	○ 덧 + 이 → 덧니 – '사이 ㄴ'첨가 : 사잇소리 현상	19	× 자음탈락 •바늘 + 질=바느질
10	×	20	○ 숫자=수+ㅅ(사이시옷)+자

229쪽 《실력다짐》

	가		나
1	콧물	1	나뭇잎
2	시구=시구(詩句) •싯구(×) – 발음은 [시꾸]	2	횟수
3	솜이불	3	횟집
4	나뭇잎=[나문닙]=사잇소리현상(사이 ㅅ, 사이 ㄴ 첨가), 자음동화, 음절의 끝소리규칙	4	셋방
5	봄비	5	잇몸
		6	초점 촛점(×)
		7	번갯불
		8	찻잔 차갠(×)
		9	뱃사공
		10	노랫말

❼ 구개음화 ❽ 두음법칙 ❾ 된소리되기

233쪽 《기본 연습》

1	두	11	된
2	두	12	된
3	구	13	× [닥] – 음절의 끝소리규칙
4	된	14	× [꼬츨] – 음절의 끝소리규칙
5	된	15	된
6	구	16	된
7	구	17	된
8	×	18	두 남녀 → 두음법칙 아님
9	두=락원(×)	19	× [절력] – 자음동화
10	두=량심(×)	20	× [너타] – 자음 축약

233-235쪽 《실력다짐》

	가		나		다
1	같이	1	옆집=[엽찝]	1	○ 녀자(×)
2	샅샅이=[살싸치] – 구개음화, 된소리되기, 음절의 끝소리규칙	2	받고=[받꼬] , [바꼬]	2	×
3	해돋이	3	쫓겨=[쫀껴] 음절의 끝소리규칙 된소리되기 : 쫓기(어간)+ 어(어미) → 쫓겨 (모음 축약)	3	× [경노석] – 자음동화
4	굳이	4	짧다=[짤따]	4	○ 로인(×)
5	논밭이	5	신고=[신꼬]	5	× 남·여 : 두음법칙 적용
		6	×	6	×
		7	붉게=[불께]	7	○ 락원(×)
		8	×	8	×
		9	× 봄비=[봄삐] : 사잇소리 현상	9	○ 로동(×)
		10	×	10	○ 력사(×)
		11	닫고=[닫꼬]		
		12	국밥=[국빱]		
		13	×		
		14	×		
		15	학교=[학꾜]		
		16	×		
		17	활동=[활똥]		
		18	×		
		19	×		
		20	×		

7. 문장이 줄 맞추어 소풍을 가네 -맞춤법과 띄어쓰기

01 맞춤법

247쪽 《기본 연습》

1	○	11	○ • 대중(언중)이 자주 쓰고 많이 사용하는 낱말을 모두 표준어로 인정함(복수 표준어) • 삐치다, 삐지다=둘 다 표준어임
2	× 가십시오	12	○ 품새, 품세
3	○ ㅎ종성 체언 : 옛말에 ㅎ을 끝소리로 하는 체언이 몇 있었는데, 그 흔적이 지금도 남아 있음. (보기) 1. 수ㅎ=수ㅎ+ 것=수컷 (자음축약), 수ㅎ+ 닭 =수탉, 수ㅎ+ 병아리=수평아리 2. 암ㅎ=암ㅎ+ 것=암컷 (자음축약), 암ㅎ+ 닭 =암탉, 암ㅎ+ 돼지=암퇘지 3. 살ㅎ=살ㅎ+ 고기=살코기(자음축약) 4. 머리ㅎ=머리ㅎ+ 가락=머리카락 (자음축약) 5. 안ㅎ=안ㅎ+ 밖=안팎(자음축약) 안ㅎ+애= 안해 → 아내(자음탈락, 음절의 끝소리규칙)	13	○ 맨날, 만날
4	○	14	○ 구비구비 (×)
5	○	15	○ 노을, 놀

6	× 멋쟁이
	• 멋쟁이=멋(어근)+쟁이(접사)
	  접사 '-장이'는 기술자에게 붙이고, 접사 '쟁이'는 그 외 사용
	(보기) 장이 : 기술자=미장이, 대장장이, 유기장이
	   쟁이 : 기술자 아님=욕심쟁이, 허풍쟁이, 멋쟁이, 빚쟁이
		16	○ 외우다, 외다

7	○ • 접사 '웃'과 '윗' • 윗 : 위, 아래의 대립 짝이 있을 때 (보기) 윗사람 (아랫사람 있음) 윗니 (아랫니 있음) • 웃 : 위, 아래의 대립 짝이 없을 때 (보기) 웃어른 (아랫어른 없음) 웃돈 (아랫돈 없음) • 위층 – 아래층 (사이시옷을 쓸 필요가 없음) • 윗층(×) – 아래층(×) → 발음이 부자연스럽고 불편함	17	○ 이쁘다, 예쁘다
8	○ • 윗니 – 아랫니 (사이시옷을 쓸 필요가 있음. 사이시옷은 첨가) • 위니(×) – 아래니(×) → 발음이 부자연스럽고 불편함	18	○ 가엾다, 가엽다
9	× 대장장이(O)	19	○ 쇠고기, 소고기

10	○ • 대중(언중)이 자주 쓰고 많이 사용하는 낱말을 모두 표준어로 인정함(복수 표준어) • 자장면, 짜장면=둘 다 표준어임	20	○ 잎사귀, 잎새

247-248쪽《실력다짐》

	가		나
1	안 하고 안='아니'(부사) 준말 → 안 하고 : 아니 하고(○) 않=아니하(형용사 어간) 준말 → 않 하고 : 아니하 하고(×)	1	× 접사 '-장이'는 기술자에게 붙임
2	며칠=우리말 표현에 '몇 일'은 어떤 경우에도 없음 • 몇 일 → 며칠 (음절의 끝소리규칙 적용, 한 낱말 합성어가 됨) (보기) 오늘이 3월 며칠이지? 　　　 시험까지 며칠 남았느냐? 　　　 며칠 후에는 여행을 간다.	2	× 칫솔질=치+ㅅ(사이시옷) + 솔 +질
3	만듦=기본형 : 만들다(동사) • 명사전성어미(ㅁ) 붙이기=. 만듦 → 기본형이 '만드 　다'여야 '만듦'이 됨. • 기본형에서 어간을 그대로 살린 후에 명사 전성어미 　를 붙임. 　　(보기) 소원을 빌다 → (명사 꼴) 빎, 빌기 　　　　 잘 놀다 → (명사 꼴) 놂, 놀기 　　　　 천천히 가는 → (명사 꼴) 감, 가기 　　　　 텅 비다 → (명사 꼴) 빔, 비기	3	○ 복수 표준어
4	전셋집	4	○ 정서 순화, 국어 순화
5	한국인으로서 • 조사 '-(으)로서': 신분과 자격의 뜻 (보기) 민주 시민으로서 교통질서를 지키자. • 조사 '-(으)로써': 수단과 방법의 뜻 (보기) 열심히 운동함으로써 늘 건강하다	5	× 아지랑이(○)
6	안 낸=아니 낸	6	
7	보내줄게=정부가 정서순화 차원에서 된소리 발음을 줄이려고 노력함 • '효과'의 발음 → 효과 [효과] ○　[효꽈] ×	7	
8	먹을 걸=먹을(관형어) + 걸(목적어: 것 +을))	8	
9	위층	9	
10	설거지	10	

02 띄어쓰기

250-251쪽《기본 연습》

1	○	11	○
2	○	12	○ 한(수 관형사) 짝
3	× 우리 집에	13	× 담 너머로
4	× 잘 익은	14	○

5	O	15	O
6	O	16	O
7	X 발전할 수(의존명사) 있도록 •노력합시다=노력하(어간) + ㅂ시다(청유형 종결어미-높임 표현)	17	X 자전거 타기나 줄넘기 같은 •'같이': 조사(앞말에 붙여 씀) (보기) 나같이 멋진 사람 •'같은': 형용사(기본형 : 같다. 앞말에 띄어 씀) (보기) 보석 같은 눈동자
8	X 떨어질 것에=것(의존명사)+에(조사)	18	O
9	X 어떤 이가	19	X 작은 일에도, 고마운 마음을
10	O 볼 : 관형어 (기본형) 보다 → 볼=보(어간) + ㄹ(관형사 전성어미)	20	X 먹어도 자꾸 먹어도

251-252쪽 《실력다짐》

	가		나
1	안 하면=부사 + 동사	1	몇 마리에요?
2	먹지 말고=먹다 + 말다	2	먹을 수 있는
3	잘생기지 못한=잘생기다 + 못하다	3	일기를 꾸준히 쓰는 게 •게='것 +이'(ㅅ탈락, 모음 축약)
4	가자마자=(기) •가다 → 가(어간) + 자마자(어미)	4	인사한 뒤=인사한(동사) + 뒤(명사)
5	먹든지 말든지=먹다 + 말다	5	안 될 정도다 •정도다=정도 + 다 (서술격조사 '이다'에서 '이'탈락)
6	안 낸=부사 + 동사		
7	훨씬 더=부사 + 부사		
8	이거 너 주라고=대명사 + 대명사 + 동사 •주라고=주(어간) +라고(인용격 조사)		
9	그 모습을 보니=그 : 지시 관형사		
10	엄마를 따라 집 앞 슈퍼에		

03 띄어쓰기 집중 연습

262쪽 《기본 연습》

1	O	11	O •바위입니다=바위(명사) +입니다(서술격 조사 '이다'의 높임 표현)
2	O	12	O
3	X 어두운 밤, 골목 귀퉁이에	13	O
4	X 이 세상, 그 사람을	14	O
5	O	15	O 씩 : 접사
6	O	16	O
7	O 걸=것(의존명사)+을(조사)	17	O
8	X 읽을 때면	18	O •그림이었지=그림((명사) + 이(서술격 조사 '이다'어간) +었(과거 선어말어미) +지(어말어미)
9	X 내 몸이=나의(모음축약: 내) 몸이	19	O

10	× 남지 않았군요.	20	× 그 일은, 않을 것입니다. •하기가=하(어간)+기(명사 전성어미)+가(조사) •겁니다='것입니다' 줄임말

263쪽 《실력다짐》

	가		나
1	돋보이게 할 뿐만 아니라	1	축구를 할 수 없을 정도로
2	치즈와 피자 등 •등 : 의존명사	2	이 버스를 타면
3	책을 읽고 느낀 점을	3	축구야말로 •야말로 : 조사(보조사)
4	책 속 인물 역할을	4	약을 안 먹어도 돼 •돼=되(어간) + 어(어미) → 안 돼(○) 안 되 (×-어간으로 문장이 끝남)
5	한 사람씩 돌아가며 •씩 : 접사	5	책 다섯 권을 •권 : 의존명사
6	정이 갔다		
7	오랫동안 •오래+ 사이시옷(ㅅ) + 동안		
8	저 차는 누구 거예요? •누구 (대명사) 거예요='것이에요'의 줄임말 → ㅅ탈락, 모음 축약		
9	더 먹어도 돼요? •돼요='되어요'줄임말 (모음 축약)		
10	방긋 웃는 꽃잎마다 •마다 : 조사(보조사)		

말랑말랑 국어 완전정복

똑똑이 국어문법

초판 1쇄 인쇄   2019년 2월 18일
초판 1쇄 발행   2019년 2월 22일

지은이 이동훈
펴낸이 이규만
디자인(일러스트) 김민주

펴낸곳 참글세상
출판등록 제300-2009-24호(2009년 3월 11일)
주소 서울시 종로구 인사동 7길 12 백상빌딩 1305호
전화 02-730-2500
팩스 02-723-5961
이메일 kyoon1003@hanmail.net